IN MINIATURE: How Small Things Illuminate the World

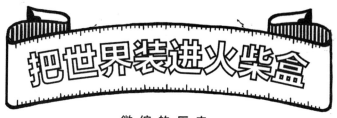

把世界装进火柴盒

微 缩 的 历 史

[英]西蒙·加菲尔德——著　陈鑫媛——译

贵 州 出 版 集 团
贵 州 人 民 出 版 社

致贾斯廷

比起制作整片天空，制作半厘米高的东西更能让你感知全宇宙。

——阿尔贝托·贾科梅蒂（Alberto Giacometti）

目录

伊丽莎白公主脚边的王国。20 世纪 30 年代，贝肯斯科特模型村
（Bekonscot Model Village）里的伊丽莎白公主。

看的艺术

不久之前，"大"才是好事。大件的东西才有更高的价值。百货商店的规模大得足以装下所有商品；得克萨斯州的面积大得一望无际；包罗万象的《大英百科全书》大得占了客厅书架六分之一的空间。

后来，"小"开始变得美好。玩具贵宾犬、宝马迷你车、时尚精品店、新派法国菜、高档俱乐部及节省空间的叠椅纷纷出现。

到了技术时代，各种更"小"的东西出现了：微型芯片、微波炉、入耳式耳机、储存量可达千首歌曲的口袋随身听、纳秒、调节滑块，不一而足。

再后来，也就是现在，"大"又占了上风，真是令人不解：宽大的平面电视、超大型飞机A380、庞杂棘手的全球性经济与安全问题，还有魁梧的道恩·强森（Dwayne Johnson）。

尺寸是一回事，比例又是另一回事。在此探讨的就是比例问题。本书尤为关注微观世界究竟如何影响着通常意义上的世界，核心主题是观察和探寻，我们或许能够通过这种方式找到答案。我们缩小事物，从而理解它们、欣赏它们。有些东西过于庞大，我们无法尽收眼底，比如一栋建筑、一场战争，也许将其按照12∶1的比例缩小，诸如此类的事物就能为我们所理解。雕塑家、舞台设计师、诗人等艺术家都着眼于微观之处，这是因为微观鼓励着人们更仔细地观察、更深入地参与。我希望这本书也能起到同样的作用。

同时，这也是一本关于幸福和展望的书，是一场歌颂。微缩物品帮助我们构想更宏大的计划。制作微缩铁道模型里的信号楼需要极致的精准，在搭建正常尺寸的信号楼时，我们鲜少这样小心谨慎。在人类艰苦探索如何登上月球的日子里，美国宇航局里肯定有不止一位科学家仔细观察过电视连续剧《雷鸟》（*Thunderbirds*）中的人偶和火箭模型，以此寻求灵感。未来城市的建筑师一定会利用模型进行规划，而这个模型可能就是他们曾尝试建造某栋建筑的唯一证据。

我们将在下文看到的各种微缩物品并不全是小件物品。德国汉堡的微缩铁道模型就自诩世界上最大的微缩铁道模型。拉斯维加斯的威尼斯人酒店可供4000人同时入住，酒店内甚至还有一条人造运河，河上的贡多拉船可以载着乘客浪漫地穿行其间。但是，本书中提到所有事物都是按照比例缩小的，是微缩后的成果。

英文单词"miniature"（微缩）最初是书籍类术语，后来却通过艺术作品得到推广。在印刷机诞生以前，抄本上的文字和插图都是手工书写和描绘的。最初的拉丁语单词"*miniare*"指的是用丹铅上色，后来逐渐演变为意大利语单词"*miniatura*"以及英语单词"miniature"。起初"miniature"一词的使用范围极小，直到16世纪，人们才把它与插图广泛联系起来，频繁地用作"绘画"（limning）或者微型肖像画的近义词。在这之后，人们才开始用它来描述其他的小东西。大约到了1630年，该词才成为常见词。下文对微型书和微型肖像画的发展的研究都将证明一点：我们只有仔细观察，才能发现事物内在的奥秘。

我采用了一条简单的标准来区分"微缩物品"和普通的"小件物品"：微缩物品应当是原型较大的物品的微缩版本，或者能够让人联想到更大的东西，作者在制造过程中应当带着这样的意识。也许，微缩物品也能起到某种微小的作用，比如解释概念、解答谜题、唤起回忆。钥匙圈上的微缩建筑纪念品虽然不是很有趣，却属于微缩物品的范畴。一小瓶杜松子酒也可以归于此类。但是大众的甲壳虫汽车就不能算在微缩物品的范畴之内了，一个小小的顶针也不算，无论收藏者花费了多少心思收集它们都无法改变这一事实。迷你酒吧和体形小巧的观赏犬算是分界线，盆栽景观也是一样，因为盆栽中的小植物需要主人精心地修剪和栽种。在课堂展示上，五岁孩子制作的塑料玩具贵宾犬则吸引不了任何人。人们可以效仿航空公司规定随身携带行李的范围，为微缩物品划定更明确的范畴。但人们很快就会发现，微缩物品在我们的世界中占据了重要的地位，它们随处可见，我们会本能地意识到它们的存在：你看见微缩物品时就会自然地意识到它们的存在，再多看两眼，你可能就无法转移目光了。

微缩的世界受我们掌控。儿时的玩具向我们幼小的躯体注入了一股罕见的能量，赋予我们成人的能力，甚至是巨人的力量。我们手中的玩具汽车、玩偶小人、塑料积木不仅任我们摆布，还让我们化身为征服者。除非我们在成年以后还会做这种游戏，否则我们也许再也无法拥有这种统治世界的机会。那些火车模型的痴迷者整天戴着火车司机的小帽子和火车模型一起待在仓库里、阁楼里！他们的妻子早就走远了！妻子们也有自己的心头好：瓷器收藏、玩具收藏、毛毡玩物、过家家游戏。谁将为她们发声？本书的核心就是让读者抛开一切杂念，沉浸在一个个小小世界当中。有些人细察微小的细节，仿佛整个世界都依赖于此，他们之所以会这么做，是因为他们的世界的确依赖于此。

微型世界不是一个由微型事物组成的毫无艺术感的集合体，而是一个生机勃勃、历史悠久的生态系统。如果一件微缩艺术品本身暗藏着一系列错综复杂的联系，那么研究人们对微缩世界的热爱，就会是一门有趣的学问了。下面的文章也都采取了类似的构思方式。

法国人类学家克洛德·列维－斯特劳斯（Claude Lévi-Strauss）观察到，微缩物品也许能够彻底颠覆我们认识事物的方式：我们无须再通过循序渐进的观察一点一点地了解全貌，而是一眼就能看遍事物的全局，当即明白其中的道理。他把这一替代方式称为用"可理解的方面"取代了"可感觉的方面"。这是一种人性化的力量，这也是我们会给伦敦城中心那些巍然耸立的摩天大楼起一些亲切可爱的小名的原因，有"可以吃的腌黄瓜"（Gherkin，瑞士再保险塔），还有"可以一手握住的对讲机"（Walkie-Talkie，对讲机大厦）、"奶酪刨"（Cheesegrater，利德贺大楼）。这些昵称不仅让我们心情愉悦，对开发商也大有用处，因为这样的昵称让那些原本可能令人反感或者暗含威胁的东西摇身一变，立马变得亲切小巧了。

如果没有模型，我们认识世界的过程会变得艰难。二百多年以来，模型一直是博物馆这种充满智慧的建筑中不可或缺的一部分。通常，孩子们正是因为接触到了模型才对初次参观博物馆的体验久久难以忘怀。玩小物件的渴望会转变为造小物件的渴望，而这两种渴望都能体现出人类的征服欲。我们生活在一个广阔但压抑的世界上，哪怕只掌握微缩的寸土尺地也会让我们重拾秩序感和价值感。我们或许无法参加世界杯或者莱德杯，但是我们可以享受桌上足球和迷你高尔夫球带来的乐趣。无人机是什么？不就是用遥控操纵的模型飞机吗？世界又是什么？不就是我们所了解的这一方土地吗？

我想，如果没有业余的微缩模型爱好者，我们认识世界的过程也将同样艰难。阁楼和仓库里迸发的激情与创意（蒸汽机、个人电脑）推动着世界前进。而且，拥有英商怡品（Maplins）会员卡和早期电路板的微雕艺术家几乎都是业余的微缩模型爱好者。在他们的努力得到人们的欣赏、肯定之前，他们感受到的只是自己内心的激情及家人的反对。本书的目的就是增进读者对微缩模型爱好者的钦佩之情。我们应当注意到英文单词"amateur"（业余爱好者）其实源自拉丁语单词"amare"，它的意思是"热爱"。

但是，话说回来，我们到底该如何理解在模型村的迷你草坪上上演的迷你板球赛呢？又该如何理解旁边的迷你消防员攀上迷你阶梯检查迷你茅草屋顶上的迷你损失呢？是谁设计了这座模型村？又有谁会来这里参观？它们能给我们的生活带来什么启示？那个下午，当伊丽莎白公主置身于白金汉郡的贝肯斯科特模型村时，是否只有她自己相信这里的微型建筑统治着这个王国？

你可以从本书的尺寸看出，我并不打算写一本百科全书或是指导手册，这一点几乎无须赘言。除了介绍一些具有奉献精神的人物，本书还试图借助微缩模型讲述一些关键的历史事件，向读者展示微缩的视角会如何启发我们进行更深刻的思考。借助微缩的视角，人们（常常）得以探索更为广阔的人类世界，若失去了这一视角，这种探索就成了痴人说梦。

微缩的世界没有条条框框的限制，我们应当对此心怀感激。它不是由某个公司或委员会创造的，而是由一个个坚定的个体构建的。人们希望通过微缩艺术表达自我。最好的结果是，微缩艺术可以发人深省，但在最不济的情况下，它也能让我们重新认识自己原以为已经了解的事物。

本书的主题决定了书中的分析是微观的，读者们最好把它看成一段对某个模型村的历史概述，这个模型村就是我们熟知的地球。书中的这个村庄广阔且包容，但并不包罗万象。如果你要寻觅的是森贝尔家族（Sylvanian Families）的动物玩偶、Dinky玩具小车或者乐高玩具的历史，那你就要失望了。但若你在寻找一个跳蚤马戏团、一千个迷你的希特勒以及《天使在美国》（Angels in America）的舞台设计师的模型箱，那你就走运了。

本书提到的微缩物品几乎都是手工制作的。书中提到的微型书、复杂的铁道模型、象牙上的微型肖像画等在当今皆可被称作创客运动的一部分，或许是慢生活运动的一部分。这些微缩物品通常都不是这个时代的产物。虽然它们并不总会引起人们的怀旧之情，却会轻而易举地勾起人们对童年的思念，或是对儿时神话的思考。我们会走进微缩爱好者的世界，去探寻那里是否有一个更令人向往的地方。

幻想国度和好莱坞不在我们的讨论范围之内，所以本书只会一笔带过《格列佛游记》和电影《缩小人生》（*Downsizing*）。（跳蚤马戏团之所以值得讲述，不是因为它涉及小小的跳蚤，我对小东西本身并不感兴趣，对大自然创造的微小生物就更提不起兴致了。我要介绍跳蚤马戏团的原因在于它是一种迷你的马戏团。跳蚤试图做出的动作同样存在于人类世界：它们会跳芭蕾舞，会开邮车，会佩剑决斗，在我们看来，它们就是一种奇观。训练跳蚤马戏团有一套专业化的流程——训蚤术。读者朋友们，快把这本书放回书架吧，快……）

微缩物品的意义既不新奇也不浅薄，那么，为什么少有文章介绍微缩物品的价值就成了一个谜，至少我是理解不了的。对小物品的渴望始于童年，通常会在人们成年后被快速丢弃，就好似火箭在快速飞向月球的过程中迅速脱离助推器那样。青春期的少男少女不再满足于玩具车，他们渴望真正的汽车。如果他们没有这种渴望，别人或许还会认为他们是异类。其实吸引我们的正是这种标新立异。有一次，我看到我家边上一家玩偶商店的告示上写着"这不是一家玩具店"。在我踏入微缩世界之前，这则告示让我满腹狐疑。它不是玩具店还能是什么呢？后来我终于鼓起勇气走进店里一探究竟（商店在一个网格围栏后面，里面的光线很暗，而且店主的态度是出了名的），我看到迷你的网球拍居然真的装有网球线，一罐罐马麦酱小巧可爱，就算给小老鼠配下午茶都不够它解馋。商店里还有千百种迷你的东西，都是日常生活中的常见物品。这确实不是一家玩具店，而是一整个宇宙。它体现了一种微缩领域里常见的把戏：它对自身的存在有着不可撼动的信念。因为店里的一切都是微型的，所以没有什么看起来显得格外迷你。走出店门时，我反倒觉得店外的汽车像个庞然大物，街边的邮筒就犹如古根海姆博物馆。

早在刘易斯·卡罗尔（Lewis Carroll）描绘爱丽丝梦游奇境或早在物理学家研究量子物理学之前，我们生活的世界就已经蕴含着一个又一个微缩世界了。微缩世界的历史可以追溯到古代，并且其发展历程是不容忽视的。罗马诗人、哲学家卢克莱修（Lucretius）在哲学长诗《物性论》（De Rerum Natura）中曾说："一件小事能够暗示大道理，可以把你引去追寻知识的踪迹。"在《论憧憬》（On Longing）一书中，诗人苏珊·斯图尔特（Susan Stewart）认为，我们生活在一场白日梦中，也许有一天微缩的世界会揭示出一段神秘的生活。白日梦蕴含着一种内在的逻辑：掉入兔子洞、开启新世界的那一刻，我们就应当立刻原谅那些以为正常世界就该是日常世界的人们。

我希望在接下来的章节中，能阐明为何我们执迷于通过缩小事物的尺寸挖掘其本质，同时抒发对这种迷恋的赞美之情。埃及法老、英国废奴主义者和罗德·斯图尔特（Rod Stewart）很快就会在下文登场；一名来自芝加哥的女性也会在本书中占有一席之地，她认为破案的唯一办法就是利用最小的案件模型来分析案件。不过，第一章要说的是一百三十年前巴黎城中央那座宏伟的埃菲尔铁塔。那一年，铁塔的设计者古斯塔夫·埃菲尔（Gustave Eiffel）顶着强风攀上高塔，这一人体工程学上的壮举从此改变了我们看待世界的方式。

"像传说中沉入海底的城市"：1924 年，维修工人从埃菲尔铁塔上俯瞰到的景色。

俯瞰之景

1889年春末，埃菲尔铁塔落成开放，在各种或喜或怒的评论声中，有一种反应甚至让铁塔设计者都大吃一惊：登塔参观的游客惊讶地发现，这座地面上最高的建筑突然之间把周围的世界都变小了。

任何足够勇敢的人都可以登上363级台阶到达第一层，再登上381级台阶到达第二层，从那里可以俯瞰一个全新的世界：底下的人小得像蚂蚁。虽然这个比喻在今天已经老掉牙了，但在当时却给人一种耳目一新的感觉。这就是现代主义的雏形：钢筋包裹着的向上延伸之感与无所不知的秩序感并存。从塔上俯瞰，呈现在眼前的巴黎就像一张地图。除非你曾经乘坐热气球俯瞰地面，否则这就是世界第一次以这种尺寸出现在你眼前：奥斯曼打造的城市格局成了一张网格，世界博览会的展区像个闪着光的小东西，场馆里的嘈杂在这一刻戛然而止。攀登铁塔的激动之情在高空令人愉悦的宁静中达到了高潮：在塔上，马粪和煤烟的臭味都消失了。若是天朗气清，人们站在塔上可以看到枫丹白露、诺曼底、多佛白崖及让法国人蒙羞的滑铁卢战场，似乎还可以清晰地看见世间万物的未来。

　　因为一切都是新鲜的，所以一切都值得记录。在铁塔刚开放的几个月里，每个登上埃菲尔铁塔的人都仔仔细细地记录下自己在塔上的所见所闻，因为在塔上眺望就和这座铁塔本身一样新鲜。如今读起当时人们写下的文章，我们仿佛仍能感受到他们站在铁塔上时喃喃的惊叹。在铁塔正式开放前，一名记者跟随古斯塔夫·埃菲尔攀上铁塔（甚至连攀登铁塔都是新鲜的。过去，最高的俯瞰点一直是巴黎圣母院），他在文章中这样写道："他右手扶住栏杆，慢慢向上攀爬，身体随着脚步左右摆动，借势攀越每级台阶。"即使是在第一层（190英尺 [1]），"巴黎城的样子就已经固定了。路上行人和车马的轮廓像墨点一般"。记者一行继续往上，爬到了高度为900英尺的地方，"嘈嘈人声与教堂钟声环绕的巴黎似乎要融进夜色，就像传说中沉入海底的城市"。几周后，铁塔正式对公众开放，另一名游客也描

---

[1] 1英尺等于30.48厘米。

述了从塔上俯瞰的景色："从离地 975 英尺的高度俯瞰，人类变得格外渺小……所有在地面上看起来十分庞大的东西都消失了。"设计者埃菲尔本人称这座铁塔"鼓舞人心"。他还提出了一种迄今为止仍未实现的设想：他要打造一款飞得更高的失重飞机。瑞士《时报》（Le Temps）的记者说，他突然产生了"一阵难以名状的悲伤，一种智力衰退的感觉……"在 350 英尺的高度，"地球仍然令人叹为观止，缩小的比例还足以为我们所理解。但到了离地 1000 英尺的高度时，我完全找不到平常生活中的感觉了"。艺术批评家罗伯特·休斯（Robert Hughes）曾说，对于诸多在铁塔开放头几个月就前去攀爬的游客而言，"1889 年在塔上看到的风景与八十年后科学家从月球上看到的地球具有同等重要的意义"。

从其他地方俯瞰也同样令人着迷。伦敦碎片大厦和纽约帝国大厦建成后，人们从这两栋建筑俯瞰而产生的激动之情与 1889 年巴黎人从埃菲尔铁塔俯瞰的感受相差无几。埃菲尔铁塔开放三十年后，作家瓦奥莱特·特里富西斯（Violet Trefusis）在一架飞机上感受到了同样的激动。她称自己是"一粒小小的原子"，她感觉自己脱胎换骨了。她看到"一张小小的地图上点缀着小小的城镇和海域"，不禁感慨"世界真是小得可怜啊！人迹都隐没了……我感觉自己仿佛在一瞬间奇迹般地脱去了所有的卑劣、小气、虚伪"。云层中的我们是多么渺小，但能够在云中穿梭的我们又是多么强大，人类身上这种谦逊与自豪的奇妙组合不会随着季节或门票价格而改变。这是有关比例的冒险，是让我们重新审视世界的冒险。埃菲尔铁塔给我们带来了离地 1000 英尺的景色，早期的飞机给我们带来了从 3000 英尺俯瞰的世界。无论从什么高度往下看，地面上的景色都是微缩的，地面上的城市都是我们的。

埃菲尔设计的铁塔是一种力量的象征、一种伟大的杰作、一种钢筋建筑的成就。这座铁塔巍然横跨于街面，人们至今仍深深感叹于它的壮美。铁塔令人目眩的高度是它的价值与要义。它是一种没有特定意义的象征主义，也难怪众多文学家纷纷向其开炮，其中反应最强烈的是莫泊桑。莫泊桑将埃菲尔铁塔称为"一场不会休止的、折磨人的噩梦"。铁塔开放后，他对其的厌恶只增不减。相传，在他为了躲避铁塔而逃离巴黎之前，他不得不频繁光顾铁塔二层的一家餐馆，因为在整座巴黎城中，只有在那里，他才不用担心自己会看到铁塔。在对建造铁塔愤愤不平这件事上，莫泊桑并不孤单，法国作家莱昂·布卢瓦（Léon Bloy）也愤怒不已，他称这座塔为"一根可悲至极的路灯柱"。

但是当时的人们喜欢它，当然，现在的我们仍然如此。

在铁塔开放的第一周，共有3万名游客支付了40生丁[1]攀上第一层，有1.7万名游客又支付了不到30生丁攀上第二层。在1889年5月至10月法国世博会举办期间，埃菲尔铁塔成了主角，大约有200万人参观了铁塔，许多人有幸遇到了埃菲尔先生。他的办公室就在塔上，他在办公室里接待过许多名流，比如爱迪生、连环杀手水牛比尔（Buffalo Bill）、美国女神枪手安妮·奥克利（Annie Oakley）、俄罗斯帝国弗拉基米尔大公（Grand Duke Vladimir）、希腊国王乔治一世、当时的威尔士亲王。

但是，除了俯瞰下方的世界，这座铁塔还有什么其他用途呢？埃菲尔就这个问题苦思冥想，他担心别人会认为这座铁塔无关紧要、盛气凌人，甚至把它当作一个玩物，所以埃菲尔竭尽所能地打造铁塔的价值（公平地说，埃菲尔等投资人其实完全无须产生这种顾虑。因为在开放参观的头五个月内，铁塔的门票总收入就已接近600万法郎）。但是，埃菲尔先生不想止步于挣钱。于是，他在铁塔第一层下方的四周壁面上刻下了七十多位法国科学家的姓名，以此为这座丰碑正名，或许他也想把自己的成绩与这些科学家的相提并论吧。他还曾强调，铁塔要能用于观测气象并用于天文学研究，甚至还要起到防御作用，以便某天巴黎受袭时派上用场。

---

1 生丁是2002年前法国的法定货币单位，一百生丁相当于一法郎。

但是，最重要并且最关键的一点是，埃菲尔铁塔确实是一个玩物，塔里的电梯更是让铁塔成了一个游乐设施，每个人都可以前来搭乘玩乐。对于新晋的富裕的实业家们而言，埃菲尔铁塔就是一个玩物；而对于其他人而言，参观埃菲尔铁塔就是一次盛大的出游。公众并不需要埃菲尔先生寻求科学上的认可，人们对铁塔的喜爱纯粹来自这个奇观本身。

埃菲尔铁塔还引领了另一种风潮：游客会在参观完铁塔之后带着纪念品回家。随着铁塔的开放，纪念品开始大量售出，工厂生产的微缩模型迎来了黎明。波斯国王返程时就带走了一根顶部是铁塔模样的拐杖，还有二十多个铁质的铁塔模型，足够女眷们人手一个。有些游客发现铁塔的每个拐角处都有一些装饰品，每层都有一些出售纪念品的小摊。可以想见，莫泊桑对这种现象一定同样反感，因为这样一来，人们不光能在城市的各个角落看到这座高塔，"甚至无论走到哪里都能看到它的身影，街上有各种材质的铁塔模型，各个橱窗里也都展示着它的模型……"埃菲尔铁塔不仅把世界缩小了，甚至还把你家壁炉台上的世界缩小了。从此以后，只有那些能被游客放进行李箱带回家的东西才真正算得上是一道风景。

除此之外，还有用糕点和巧克力堆成的埃菲尔铁塔。

手帕、桌布、餐巾环、烛台、墨水台、表链……只要这个东西可以堆得高、堆出三角形和尖顶，都可以被用来制作铁塔模型。其中最炫目的就是钻石塔。该塔共计用了4万颗钻石，在乔治·珀蒂画廊（Galerie Georges Petit）的展览上展出，位置就在埃菲尔铁塔附近。在店铺里也可以看到用普通金属制成的模型。在一百三十年后的今天，生产模型的脚步仍未放缓。古斯塔夫·埃菲尔认为自己有权决定店家是否可以获得销售纪念品的资格，所以他给奥斯曼大街上的巴黎春天百货商店颁发了专营许可证。但这一协议仅仅持续了几天，或者仅仅持续到巴黎的其他店主发起集体诉讼的那天。这些店主集体抗议道，如此宝贵的出行纪念应当被所有人共享。

"Souvenir"（纪念品）一词本是法语。对这一词语的翻译揭示出该词的目的是"纪念"（该词最早由拉丁语"*subvenire*"演变而来，它的意思是"放在心里"）。纪念品的形状虽小，但其价值未变，因为人们对它的喜爱赋予了它力量：它会唤起人们的回忆，激发他们讲述背后故事的渴望。在夕阳下的埃菲尔铁塔上，你们两人拿着饮料，不受打扰，眼前的巴黎美景会一直留在心中，这段回忆的意义永远不会变淡。

当然，真正的微雕艺术家不会仅仅满足于收集纪念品，他们一定想自己动手制作纪念品。下文的诸多例子都将表明，制作微缩模型是一个耗时耗力的爱好，但我们会发现，仅仅拥有一个微缩世界是远远不够的，我们还必须满足内心去创造一个微缩世界的渴望。手工搭建一座微缩的埃菲尔铁塔模型确实已经算得上一项挑战了，但是利用看起来既不可能成功又明显很愚蠢的材料搭建才称得上终极的挑战。所以，首先，我们应当把掌声献给纽约的一名口腔医学生，因为他成功地办到了这一点。1925年，他用1.1万根牙签成功搭建了一座埃菲尔铁塔模型。《大众机械》（*Popular Mechanics*）上的一张照片记录了他为模型做最后加工时的模样。照片里的他身穿一件白色长外套，旁边的模型比他高出一点。从报道中我们得知，整个搭建过程用到了镊子和胶水，耗时大约300个小时。一种科学的说法是，这个名不见经传的学生通过用牙签搭建铁塔模型，证明了埃菲尔铁塔的三角结构确实具有稳定性（其实这一点根本无须证实，毕竟铁塔早就承受过数百万名游客的重量了）。

20世纪50年代，在阿根廷的布宜诺斯艾利斯，一个高5英尺的铁塔模型横空出世。这一回，模型作者收集到了来自世界各地的牙签，因为一家国际媒体为他发出了一份牙签征集令，结果数百人热烈响应，像捐献紧急救灾物资一般，积极地邮寄来牙签。后来，人们对选材的热情从牙签转移到火柴，也就只是时间问题了。一个名叫霍华德·波特（Howard

Porter）的底特律人忙碌了好些天，用 1080 根小火柴、110 根稍大的壁炉火柴以及——看在传统的份儿上——1200 根牙签，搭建了一座 1∶250 的埃菲尔铁塔模型。和纽约的那件作品一样，这件作品的制作用时也将近 300 个小时。但这两件作品和法国钟表匠乔治·维泰尔（Georges Vitel）一家的作品相比就黯然失色了。维泰尔一家花费了几年时间，用大约 50 万根火柴打造了一个 1∶10 的埃菲尔铁塔模型。1961 年，法国报纸刊登了这座火柴塔（"另类埃菲尔铁塔——维泰尔的火柴塔！"），照片上它的尺寸大得足以攀爬。更厉害的一点（也有可能是更糟糕的一点）是，这个重达 70 千克的模型还接上了电源。电力带动了内部的电梯，也点亮了塔内餐馆的灯。因为维泰尔的房子并不是大城堡，而是位于格里尼郊外（巴黎以南大约 30 千米）的一间小屋子，维泰尔一家只好把这个模型分为上下两个部分，这两个部分都高得能顶到客厅的天花板。虽然家里有一台电视，但由于模型挡住了他们的视野，电视成了摆设。这种生活真的美好吗？还是说，对于维泰尔一家而言，生活太令人失望了，所以他们能做的事情只剩锁上门摆弄火柴？

微缩模型就是实物形式的纪念品，即使是一个高得顶到天花板的微缩模型也是如此，我们用它来纪念自己在这个星球上渺小的痕迹。我们制作微缩模型，购买微缩模型，理解并欣赏微缩模型，有时也支配微缩模型。这些都是人类根本的愿望，微缩模型是我们生活的中心，也是本书的中心。但是，如果我们相信这个世界的微缩模型能被带到下一个世界，那又会发生什么呢？

70千克火柴：维泰尔一家在客厅为模型做最后的加工。

Séthi Iᵉʳ
1294-1279 av. J.-C. (19ᵉ dynastie)
Faïence siliceuse   E 6254, N 2740, N 665

让墓主安享身后世界的使者：
卢浮宫里古埃及法老塞提一世（Seti I）墓葬中的沙布提俑。

公元前 3000 年的小故事：
埃及墓葬

1817 年 10 月 16 日，意大利埃及学家乔万尼·巴蒂斯塔·贝尔佐尼（Giovanni Battista Belzoni）指挥工人在尼罗河西岸帝王谷内一座陡峭的山下开展挖掘工作。工人对此都半信半疑：这片浸满水的地方怎么会藏着宝贝呢？［此时距发现埃及法老图坦卡蒙（Tutankhamun）的墓葬还有一百多年。］在挖掘工作接近尾声的一天，工人在 18 英尺深的地方挖到了岩石。这就是进入古埃及第十九王朝法老塞提一世墓室的入口。塞提一世于公元前 1279 年逝世，此前曾统治埃及长达十多年。他的墓室设计得十分复杂，保存得非常好，我们可以通过墓室看到人类曾经赋予了微缩物品怎样的重任。

贝尔佐尼平日里是一位衣着讲究的时髦绅士，但他在塌陷的木乃伊墓葬室中也丝毫不会别扭。他在做演讲时常常会讲起自己探访古墓的经历，他喜欢看到观众大吃一惊的样子（以前在伦敦穷困潦倒的日子里，他在马戏团里扮演过大力士，那段经历锻炼了他的台风）。他写过一段底比斯探险记。在游记中，他写道，行进中他的脸碰到了腐烂的木乃伊，"时不时就会被从上方滚落的骨头、四肢和头颅砸到"。他用同样生动的语言描述了自己在帝王谷墓室中的经历。他在探墓的过程中发现了深井和隐蔽的侧室，当时侧室里不仅有象形文字还有图画，而且模样之新就仿若是昨天刚完成似的（七条走道共连接着十间墓室）。他顺着小道一路向前，经过几个由柱子撑起的大厅后，沿着阶梯走进了三间墓室，他称其为美人室（室内的墙上画着几位女子）、公牛室（室内存放着一具公牛木乃伊）以及神秘室（没人知道里面有些什么）。他还发现了几个木质雕塑和一些纸莎草手卷。他一路往前，走到了最后一间墓室，在这里，他发现了一口精雕细刻的雪花石膏石棺。他在书中写道："无须进一步描述这片世外桃源了，我可以向读者保证，单靠我这段平淡的叙述，他们只能得出一种非常模糊的概念。然而，就算我何其有幸，能够成功地为欧洲读者精确地还原出这座墓室的模样，旁人也会认定我的描述带有主观色彩。"

1821 年，贝尔佐尼倒是把他发现的部分陪葬品带到了伦敦皮卡迪利大街。它们吸引了大批游客。其中一组陪葬品由几个精美的蓝釉陶俑组成，它们就埋葬在塞提一世的遗体旁。这就是沙布提俑，人俑高度为7到9英寸[1]，不同的人俑具有不同的象征意义，体现了埃及人对身后世界的各种想象。每个人俑都会帮助逝者完成身后世界里特定的体力劳动，具体的劳动内容通过人俑交叉在胸前的双手表现出来：握着瓶子的是仆人或者葡萄园的园丁，拿着篮子的是负责收割农作物或其他作物的农人。虽然公元前2000年前后的墓主可能只有一两个沙布提俑作陪，但是到了公元前300年至前30年，富裕些的墓主遗体旁就摆上了上百个人俑。人俑的数量还一度达到了401个：这样一年中的每天都有一个人俑可以工作，剩下的"监工"则可以拿着鞭子警告这些"工人"遵守秩序。

沙布提俑远非最古老的人形微缩雕像，这一殊荣当颁给原始的维纳斯雕像。最早的原始维纳斯雕像可以追溯到四万年以前的旧石器时代，它们通常身材肥硕、浑身裸露，只有几厘米高。现存的原始维纳斯雕像仅有200尊左右，但是后来出土的沙布提俑（根据发现地区不同，有的也被称作巫沙布提俑等）则有成千上万个。被用来制作沙布提俑的材料有石灰石、花岗岩、雪花石膏、黏土、木料、青铜和玻璃，但最常见的是一种蓝绿色的砂陶。

---

1 1英寸等于2.54厘米。

因为沙布提俑在埃及文化中十分常见，所以在世界各地研究埃及学的地方都可以看到各种丧葬活动中的沙布提俑。开罗的埃及博物馆就存有 4 万余个沙布提俑。在英格兰西北部罗奇代尔、斯托克波特、麦克莱斯菲尔德、沃灵顿等地的博物馆里，也可以看见极为精美的沙布提俑，其中许多展品是从 19 世纪的工业家以及古文物研究者的私人藏品或"珍品柜"中收集来的。

大英博物馆也存有大量的沙布提俑，其中一个就是两百年前贝尔佐尼在塞提一世墓中发现的保存完好的沙布提俑。它像一具微缩的木乃伊，头戴条纹头饰，交叠的双手分别拿着两样工具，一样是一把锄头，另一样是一把鹤嘴锄（一种古老的锄具），身上刻有《死亡之书》（*Book of the Dead*）中的一段咒语，用来帮助逝者安全地进入身后的世界。

贝尔佐尼是否安全地进入了自己身后的世界，这一点我们不得而知，但至少他留下的文物是安全的。1823 年，他于尼日利亚离世，死因可能是痢疾也可能是谋杀，但他在 1817 年发现的底比斯世界仍迎接着人们一次又一次的探索，几乎每年都有令人兴奋的新发现。2016 年，在卢克索附近工作的一支波兰地中海考古中心（Polish Centre of Mediterranean Archaeology）的工作小组就有了新发现。他们深入一个迄今为止未经勘探的无名山丘，发现了 1000 多片碎片，共修复成了 647 个沙布提俑。它们大部分是由泥土、黏土或雪花石膏制作而成的。考古队从中确认出十三类不同的人俑，虽然这些人俑中有明确的工人和监工之分，但是单凭这些陪葬品，考古学家仍无法确认墓主的身份。它们不过是简单的人俑，高 2 到 5 英寸，大多数已无法准确辨认。许多沙布提俑看起来像是匆忙赶制的，有一些甚至和楔子无异。

考古学家怀疑盗墓者偷走了制作精美的陪葬人俑，剩下的主要是那些普通人家的写有咒文的陪葬品。每个墓主都带着两三条凿刻粗糙的咒文进入未知的世界。这些人俑的归属者难以辨认，而且每个墓主陪葬的人俑数量也不多，不过我们可以从中发现一种熟悉的逻辑：即使是在三千年以前，即使是从微缩的角度来看，富人与穷人在死后的生活也大不相同。但无论是富人还是穷人，无论接受的知识是多还是寡，似乎每个人都相信，自己确实可以在离开这个世界时带走一些东西。

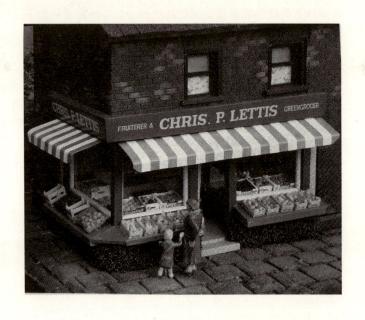

迷你果蔬世界：贝肯斯科特模型村里的水果蔬菜。

第二章

微型村庄和城市

1925 年 5 月 27 日，星期三，《堪萨斯城星报》（*Kansas City Star*）的记者兰登·莱尔德（Landon Laird）来到密苏里州的斯普林菲尔德执行一项特殊任务。《圣路易斯快邮报》（*St Louis Post–Dispatch*）的记者 H. 尼迈耶（H. Niemeyer）也在赶来的路上。那里究竟发生了什么？原来，时值格兰特海滩公园（Grant Beach Park）的微型小镇（Tiny Town）开放第三天，参观的游客数量极多，园区盛况空前。那些去了现场的人都说自己从未见过类似的东西。这是因为以前从来没有这样的东西，不光是密苏里州没有，其他任何地方也没有。

微型小镇里大约有 1200 幢建筑，以及人们能想到的所有现代城镇设施。小镇里的房屋都由木料、砖块、混凝土搭建而成，从简陋的平房到华丽的住宅应有尽有。镇上还有一个市政厅、几所学校、一个藏有微型书的图书馆、设备齐全的游乐场和许多教堂。所有建筑的内饰都很完整，大多数建筑都通着电。镇上有一个商业中心、几个住宅区，街上还有一支施工队在加固路面，以增强其抵御恶劣天气的能力。镇上没有马厩，取而代之的是现代化的车库，许多住宅的车道上还停着迷你小轿车。由于当时还是 1925 年，所以这些设施可谓十分超前。在小镇正式对外开放的前一周，《密苏里州斯普林菲尔德共和报》（*Springfield Missouri Republican*）称，小镇即将建成波光粼粼的湖面，"种类繁多的行道树、摆放得当的灌木会装点在街道两侧以及草坪周围"。小镇的比例是 1：12，占地面积宽约 250 英尺、长约 1000 英尺。

这座小镇由斯普林菲尔德的学生负责建造，这么做是为了教授学生如何进行市政治理，所以这个小镇也由学生来管理。校园选举吸引了 98% 的学生前来参加，最后，内奥米·舍伍德（Naomi Sherwood）、黛斯·伊顿（Daise Eaton）、玛格丽特·布拉德肖（Margaret Bradshaw）这三名富有激情的女学生成功当选市法官、文娱大臣和城市规划大臣。这场选举丝毫没有体现出成人世界里的性别偏好，完完全全就是未来的发展方向！但这样的美好未来仅仅持续到星期天，因为当天发行的《密苏里州斯普林菲尔德共和报》把人们扯回了现实："男孩们建造了房屋、车库、教堂以及发电厂"，而"女孩们设计了各种各样的住宅及内部装饰，制定了配色方案，安装并悬挂了窗帘"。

按原计划，微型小镇的开放时间从 5 月 25 日持续到 6 月 6 日，一共不过两周时间，但鉴于小镇反响强烈，孩子们投票后决定延长一周。游客最先是在现场派发的日报《小镇时报》（*Tiny Town Times*）上看到这则延期通知的。尽管微型小镇以"镇"命名，但所有的报纸都称其为城市。所有人都为这座小镇感到惊叹，这是一个令人愉悦的城镇蓝图，也是一个完美落实的蓝图。这与上一次斯普林菲尔德震惊全社会的原因相比，也就是与二十年前那场轰动各大报纸的斯普林菲尔德私刑案相比，当然是一则全然不同的、令人舒心的报道。

建造这个小镇其实是斯普林菲尔德的房产中介威廉·H.约翰逊（William H. Johnson）的商业创意。微型小镇的门票价格是成人票 25 分、儿童票 10 分，光是门票的收入就已经足够抵扣建造成本了。但建造这座小镇的真实目的其实是推动真正房产业的发展。约翰逊注意到房产业面临下滑的危险，于是他向商会建议，即使是微小的回升也能够为初次购房的人带去足够的信心和动力。如果在真实的世界里还难以办到，那么他们可以试着从小处着手。"如果能够吸引学生们建造一些微型的房屋，那么学生家长们可能也会受到同样的感染。"伯顿建筑贷款协会的一则广告准确地抓住了这个商机："小不点们都在建房了，你为什么还不建一个属于你自己的家？别光做梦了，快动起来吧！"

三周后，微型小镇的展览结束了。至于小镇究竟有没有刺激当地的房产业、受鼓舞而买了新房的人们如何度过后来的经济大萧条，我们没有明确的答案。不过这次展览的确让密苏里州的斯普林菲尔德一举成名了。全美有许多个斯普林菲尔德，但是在那么一段微小的时光里，密苏里州的这个斯普林菲尔德风光无限，可以与后来《辛普森一家》里那个虚构的斯普林菲尔德一争高低。随之而来的名气也许还促进了该地的人口增长：20世纪20年代至30年代，斯普林菲尔德的人口增长了45%，人数达到了57500人。尽管一些微缩模型设计者通过模型赢得了奖杯，并且这些获奖的模型都被放到了商店的展示橱窗里，但是剩下绝大多数的模型被推倒了，它们存在过的地方也再次成为平地。在为期三周的展览中，微型小镇里没有发生一起犯罪事件或者出现酗酒行为。那是一个干干净净、井然有序的城镇。建造小镇的孩子们在成年后怀念这座小镇，也是合情合理的。

2017年11月，三个八到十岁的孩子参观了一座模型村庄，在返程途中，他们边走边讨论着各自最喜欢的微缩建筑。尼古劳斯（Nikolaos）说，他以为会看到许多塑料制品，但其实园区里还用到了很多其他的材料。阿西娜（Athina）说，她以为自己可以像观察玩偶屋一样，把建筑掀起来看看内部的每个细节，而这样一来，就更像在玩乐高玩具，会更幼稚一些。他们都喜欢模型村庄里的那条运河，卡纳克（Kanak）喜欢那间摆着陶器的房子及迷你的马戏团，那里面的迷你马戏团演员和小马还在表演呢。如果他们能缩小身子走进村庄，那么马戏团一定会是一个可以坐下来欣赏表演的好地方。同样，如果能坐进帆船，在运河上漫游也是不错的体验。他们还喜欢会响铃的教堂和时不时到站停靠的火车。这三个孩子中有两个孩子是我的邻居。三个孩子都说，如果他们能住进这个模型村，那么他们的生活一定会非常安全，并且可以参加各种各样的户外活动。阿西娜比班上同学的个头要小一些，但小小的她却说，仿佛整个村庄都在她的掌控之中。

模型村庄坐落于伦敦白金汉郡的比肯斯菲尔德，名叫贝肯斯科特模型村。与斯普林菲尔德的微型小镇不同，贝肯斯科特模型村仍在运营，而且马上就要迎来它的九十岁生日了。我们驱车回家时，尼古劳斯说："这个村庄和日常生活中的可不一样。你不会特意从伦敦开 45 分钟车去看一个在伦敦就能看到的东西。值得开 45 分钟车去瞧一瞧的，一定是个特别的东西。"

大约在六十年前，英国儿童文学作家伊妮德·布莱顿（Enid Blyton）曾在《神奇的村庄》（*The Enchanted Village*）中记叙了自己参观贝肯斯科特模型村的经历。她也和其他人一样沉醉于这座模型村庄。她在书中这样问读者："你愿意和我一起参观一座小村庄吗？这个村庄很小，村庄里的房子甚至还没有你高。我就住在这样的小村庄附近，从卧室窗户望去，我能看见整座村庄。"1938年，"二战"前夕，四十岁的布莱顿和家人搬到了贝肯斯科特。在这里，他们感受不到战争的威胁，甚至在战后也找不到这里经历过战争的痕迹。她出版的故事里附着几张照片，照片上有两个小孩，一个叫约翰，另一个叫玛丽，他们都比身边的建筑高。布莱顿对自己在模型村庄里看到的事物感到非常新奇，仿佛回到了童年。她写道："这是一个真正的村庄。我们看到了古老的村舍，屋顶刚到我的腰部！我们还看到屋顶上铺有瓷砖，墙壁上嵌有砖块，是的，全是手工建造的。这真是个神奇的地方啊！"约翰还看到了在微型铁道上穿梭的微型火车。"看啊，"他兴奋地喊道，"快看啊！"

现在的游客也许会觉得过去的九十年并没有影响到这座模型村庄。我们就像艾丽·艾尔森（Ally Ireson）所说的，"被惊艳到词穷"，一边慢慢地往前走，一边用手指着各种模型向孩子们解说，仿佛他们自己看不见。后院里的洗衣绳上晒着衣服；草地上进行着一场板球比赛；茅草屋顶冒着烟，不过消防员就在旁边；赛马场上一名警察正追着一个游手好闲的流浪汉；另一个人身后一头公牛正对他紧追不舍；掘墓人正在挖着坟墓；各种商店的名字都惹人发笑[1]，书店名叫"逸闻书店"，肉铺名叫"沙门氏肉铺"。你沾沾自喜地指出店名的滑稽之处，然后又尴尬地溜走了（果蔬店的名字叫"欣鲜果蔬"）。无论我们从哪里看起，眼前的场景都好似专门为我们安排的。我们仿佛在九十分钟的游览过程中，在这古板却又不失文雅的环境里惊喜地收集到了一整年的兴奋劲。我们欣赏到的不仅是动物园里黑猩猩的茶话会，还能在茶话会上看到黑猩猩把食物扔过头顶的场面。

村庄里的人物模型是用椴木手工雕刻或用树脂制作而成的，虽然工艺不算顶尖，但却讨人喜欢。人物模型的表现手法鲜明、夸张：女性大多有着丰满的胸脯，男性大多看起来乏味无趣。村庄总占地面积约 4 万平方英尺，7000 英尺长的铁道共包含 2.2 万根枕木，6000 米的地下电缆为火车、住宅灯具以及湖上的小船供电。每隔几年，当村庄里的 8000 棵针叶树长得太大，无法再通过修剪而与周围的微缩世界和谐共存时，人们就会用更小的树木换掉它们。自开业到 2017 年年底，已有超过 1540 万人来此地参观，比希腊或者葡萄牙的总人口还要多。1933 年，七岁的伊丽莎白公主，也就是现在的伊丽莎白女王到此一游。在此后好几天里，之

1　文中的店名都采用了谐音。原文中书店名为 Ann Ecodote，与 anecdote（逸事，趣闻）相似；肉铺名为 Sam and Ella，与 salmonella（沙门氏菌）相似；果蔬店名为 Chris P Lettis，与 crisp lettuce（新鲜脆生的生菜）相似。

25

前就等待入园的数千名游客都被拒之门外。村庄铁道的比例是1∶32，而村庄里的大部分设施都是按照1∶12或者1∶18的比例设计的，但是大多数游客并没有注意到这一点，或者他们根本就不在乎这一点。因为这里还停留在20世纪30年代，一切就应该如此。在离开园区时，作为奖励，游客们都会自然而然地得到一支冰激凌。

但现在已经不同了。模型村庄展现的并不是20世纪30年代的真实模样，而是我们对那个时代的憧憬——那是"二战"前最后一段美好的夏日时光，那时的空中还没有飞来飞去的兰卡斯特轰炸机。村庄的建筑材料并非都是那个年代的木料和石材，有一些是把20世纪七八十年代的建筑材料做旧得来的。有那么几十年，贝肯斯科特一直尝试着与时俱进，在一排排都铎风格的联排别墅群里也建有一些野兽派的建筑，柴油火车取代了蒸汽火车，机场上还出现了现代飞机（包括协和式飞机）的身影。过去的牛头牌芥末酱广告旁边挂起了当下最新潮产品的广告。但后来，随着生活节奏不断加快，以及贝肯斯科特的历史感变得越来越令人费解，负责管理模型村的长者们最终拍板决定，这个村庄应该恢复它最初的模样。所以现代元素都被剔除了，或者至少被重新粉刷过了。20世纪30年代的模样得以借此重现：现代市政厅成为豪华的私人住宅，现代社会的电缆塔和混凝土板也都消失了。

但即便如此，模型村庄的归属与起源问题仍然难以解决。

VISITORS TO BEKONSCOT

VISITORS LAST MONTH	1 4 , 0 2 7
VISITORS LAST YEAR	1 4 8 , 0 2 5
TOTAL VISITORS SINCE 1929	1 5 , 4 4 8 , 5 4 8

没有人说得清这个村庄是怎样形成的，也没有人了解设计者的意图何在。最令人信服的一种说法是，村庄的雏形是搭在室内的一条微缩铁道模型，后来模型越来越占地方，家里的女主人终于忍无可忍，拿起一根擀面杖对丈夫喊道：要么把它搬出去，要么她就搬出去。她的丈夫罗兰·罗伯特·卡林厄姆（Roland Robert Callingham）——一位优秀的会计师，想出了第三种方案。1927 年，他到家门外开拓花园，在铁道模型沿线逐渐建起村庄，并且很快就痴迷于此：在完成铁道建筑后，花园里突然又多了一座城堡、一座教堂、一片迷你草坪，接着又出现了一些商店以及居民。这些建筑有一部分是卡林厄姆自己搭建的，但更多的还是在他的园丁以及当地手艺人的大力帮助下建成的。起初这只是一项私人消遣活动，后来，到卡林厄姆家打网球、游泳的朋友们建议他可以挑几个周末向公众开放这座模型村庄。1931 年，贝肯斯科特向大众开放，这个古香古色、新奇有趣的事物很快就吸引了全国媒体竞相报道，甚至还受到了皇室成员的关注。据早期的游客介绍，以前偶尔还能看到卡林厄姆在池塘里游泳。贝肯斯科特这个名字是由比肯斯菲尔德（Beaconsfield）和阿斯科特（Ascot）这两个地名组成的，后者是模型村庄火车控制员的家乡。很快，村庄里又出现了其他合成的名字：火车站名马里卢（Maryloo）由马里波恩（Marylebone）和滑铁卢（Waterloo）组合而成，它的建造灵感来自古雅的郊区和大气的城市景观，汲取了建筑师乔治·吉尔伯特·斯科特（George Gilbert Scott）、埃德温·鲁琴斯（Edwin Lutyens）、伯特霍尔德·莱伯金（Berthold Lubetkin）的智慧。许多露木结构的建筑都反映了模型村庄主人对精致建筑的怀念之情，甚至在20世纪30年代也是如此。他们怀念的是一种都铎式建筑，是建筑历史学家奥斯伯特·兰开斯特（Osbert Lancaster）所说的"温布尔登过渡时期的建筑"。后来，伊妮德·布莱顿自己居住的那幢都铎式房屋也以微缩的形式出现在了模型村庄里的草坪上。

一般而言，在一个微缩景观中，凑近观察的人会有更多收获，而在这里，人们会观察到一些更阴暗的东西。大多数游客来到贝肯斯科特是为了满足一种控制欲，为了观赏修剪过的女贞树，为了走进一个定格了的时空。但是一种不平静的氛围却通过这些粗制的人物模型显露了出来。人类最基本的情感不会随着时代或尺寸的改变而改变，因此，即使是在微缩的世界里，我们仍可以察觉到酒吧里的闲言碎语和窗帘背后的探头探脑。或许，我们可以猜猜看，村庄中这大约3000个模型小人如此空洞的眼神，会不会就是因为它们枯燥乏味的生活？如果它们会说话，是否会恳求我们还它们自由？2007年，英国室内设计杂志《家居世界》（World of Interiors）为模型村庄拍摄了一张照片，照片中有一排男子光着上身，躺在躺椅上享受日光浴，还有一个人从躺椅上掉落下去，认命似的趴在石头上。《家居世界》对贝肯斯科特的评价带着一种不同寻常的焦虑感，它称模型村庄有一种"特殊的怪异感"。从某种角度来看，20世纪30年代或许确实是幽闭恐怖又充满假象的十年。村庄里的那名屠夫在踩什么？被埋葬的那个人是谁？我们能否阻止那名新娘嫁给那个嘴唇红润、目光冷酷的男人？就如奥登所说："有谁能长久活在 / 一个欢愉的梦里？"

让贝肯斯科特重获伊妮德·布莱顿曾带给它的名气不过是时间问题。1992年，它便迎来了这一时刻。那年英国作家威尔·赛尔夫（Will Self）发表了名为 Scale 的短篇故事。威尔·赛尔夫在童年时期受到了刘易斯·卡罗尔和乔纳森·斯威夫特（Jonathan Swift）的影响，对他们笔下的爱丽丝仙境及小人国痴迷不已。他的作品内容丰富，呈现出了各种读者想从作者那里获得的学问。作者用题目 Scale 玩了一把文字游戏：除了音阶，它的其他含义都在文中出现了，如水壶里的水垢、蜥蜴身上的鳞片，等等[1]。故事的主人公对吗啡成瘾，欣赏反乌托邦式的高速公路系统。他前不久刚离婚，离婚的原因是他和家里的互惠生在浴室的体重秤上发生了一段暧昧故事。

---

1 英文单词"scale"是一个多义词，有规模、比例、水垢、鳞片、音阶、体重秤等多种含义。

离婚后，故事的主人公就从大房子里搬了出来，住进了贝肯斯科特附近的一间平房里。这间平房和贝肯斯科特挨得非常近，市政人员前来计算他要缴纳的房屋税时，他甚至说服对方相信自己的房子其实是模型村庄的一部分，每年只需缴纳11.59英镑的税费就足够了。贝肯斯科特还进入了他的梦境。有一次，他梦到自己从小屋走进贝肯斯科特，透过一个迷你美术馆的窗户往里窥探，发现馆内陈列着他自己雕刻的根附，这是他模仿雕刻家安东尼·卡罗（Anthony Caro）现存的作品制作的微缩模型。他还在模型村庄里看到了自己居住的那间小屋。正往里窥探时，他的身体突然缩小了，于是他就愉快地融入了模型村庄。然后，他又在阳光走廊里发现了一个平房模型，这是平房模型中的平房模型，这一次，他缩得更小了，能够在这个更小的平房里自由漫步了。就这样缩小了六次之后，他又来到了一条阳光走廊，这里的"玻璃窗户的厚度估计要用埃米[1]来计算"。缩小后的他只能通过把地毯上的丝线编成绳子来躲避形如齐柏林飞艇的巨型黄蜂以及令人胆寒的模型村庄维修巨人。（赛尔夫的奇思妙想让我联想起了德国作家赫尔曼·黑塞于"二战"期间发表在 *Fontaine* 杂志上的一则短篇故事。在黑塞的构想中，一名囚犯在牢房的墙壁上画了一列正驶进隧道的火车。当狱警来找

---

1 一埃米等于一百亿分之一米。

他时，他竟然缩小身子，爬上火车企图逃跑。令人惊讶的是，他竟奇迹般地成功了，而且他逃走时隧道里还冒出了烟，"然后烟散了，那幅画消失了，囚犯也跟着消失了"。）

像赛尔夫一样，我们被贝肯斯科特表现出的健全完善吸引。我们不仅不想帮助村庄里的木头小人逃出去，反而还想走进他们的世界。看看那场板球比赛：这应该是个星期天吧，从他们的装备来看，大概还出着太阳。守场员的防势不错，正向半空中的板球跑去。他仰头盯着板球，心里既期待又焦虑，他明白成败就在下一秒。此刻，凝固的空气里暗藏着危机。他就像生活中的我们一样。也许只有真正的艺术作品才能经受近一个世纪如此仔细的观察。这一刻的贝肯斯科特就像是处在全面脱欧程序中的英国：幻想中一切美好，现实却让人失望，外部世界更是难以捉摸。表象不一定是真相。再过十年，或者三十年，也许一切又会呈现出美好的模样了。

当然，世界上还有许多其他的模型村庄。20 世纪 60 年代，每逢假期总能看到前往迷你高尔夫球场的英国人。后来，随着太阳海岸的风靡以及 "宽容社会"（permissive society）[1]

---

[1] 指 20 世纪 60 年代以来英国国内对社会规范的态度越来越自由，在性自由方面尤为明显。

的盛行，纯真的微缩世界终于步了塑形内衣以及英式闹钟茶壶的后尘，逐渐退出了历史舞台。偶尔，人们也会重拾旧梦，再次想起微型村庄，但是往日的热爱却已不复存在。举个例子，那些参观过塔克托尼亚（Tucktonia）主题公园（1976—1986）的游客可能会想起园内按比例仿建的哈德良长城、温莎城堡和其他几个伦敦的著名地标，这些仿建品的体量都不小（大本钟的体积是成年人的2倍左右，伦敦电视塔也差不多这么大），但是这个地方看起来很不真实，没有任何可取之处。有人认为，部分原因在于这座主题公园不是由辛勤的志愿者耐着性子用几十年时间打磨成的，而恰恰相反，它是一家公司用18个月时间草率建成的，目的是给旁边的游乐园设施做陪衬。这座主题公园由阿瑟·阿斯基（Arthur Askey）开办，前后共经营了十年。每逢下雨，园内的情况定是非常糟糕。除了白金汉宫，其余的建筑无一幸免，要么被推倒，要么被劈碎，要么在仓库大火里被烧毁。

英国格洛斯特郡的水上伯顿（Bourton-on-the-Water）是现存的另一座模型村庄（它以1∶9的比例精准地还原了科茨沃尔德地区的房屋，"让我们的美国朋友们能够以9倍的速度更快地游览这个地区"）。雪岭庄园（Snowshill Manor）也位于该郡 [它是以伦敦汉普斯特德最早的模型村庄为原型建成的，但现在已经在斯托小镇（Stow-on-the-Wold）附近重建了，更像康沃尔郡的渔村了]。另外还有位于英国托基小镇上的巴巴科姆（Babbacombe）模型村庄（它的一大特色就是园内仿造得十分逼真的巨石阵和碎片大厦），以及怀特岛上的戈兹希尔（Godshill）模型村庄，村庄内的村庄模型里还有一个更小的村庄模型，后者的尺寸缩小到了1∶1000。

微型村庄极受英国人追捧（或许一个相当重要的原因是，在脱欧前的好几个世纪，英国就已经是一座自豪的、独立的村庄了）。其他国家也同样喜爱微型村庄。在美国，自1925年密苏里州斯普林菲尔德的微型小镇对公众开放之后，就再没有其他游乐场所可以与之比肩了，但是也有人对科罗拉多州的迷你小镇（Tiny Town）情有独钟。自1920年建成到现在，近百年以来，小镇历经了风风雨雨，我们在小镇的官网上可以看到小镇遭遇过好几场恶劣的灾难：

> 1929年，一场洪水席卷了迷你小镇。
>
> 1932年，又一场洪水席卷了迷你小镇。
>
> 1935年，一场大火烧毁了迷你小镇里的印第安村落和其他主要建筑……
>
> 1969年，迷你小镇再遭洪水……
>
> 1977年，莱尔·富尔克森（Lyle Fulkerson）在前往迷你小镇的路上被脱轨的火车撞死。
>
> 1978年，迷你小镇歇业，走向衰败。

但是这座迷你小镇挺过了重重磨难，并获得重建。所以，让我们为它欢呼吧！

别忘了在宾夕法尼亚州的沙特尔斯维尔还有一个室内小人国 Roadside America 可供我们玩乐。这里有 6000 平方英尺的模型铁道、一座煤矿、一场西部对决表演（应该是不可错过的项目）、用按键操作的机器（同上）以及震撼的全景投影（同上）。自 1935 年开业到 20 世纪 60 年代初，这里一直没变。不过，最值得称道的是它诞生的故事。创始人 L.T. 吉林格（L.T. Gieringer）说，小时候自己以为内弗辛克山（Neversink Mountain，真实地名）上遥远的高地酒店（Highland Hotel）只不过是个会被人从山上随意拿走的玩具，后来，他走近去看，才发现原来它是一个功能齐全、拿不动的酒店。他在晚年创造了自己梦中的微缩世界，而这个微缩世界从没有让游客失望过 [说到这里，有些读者也许会想起在喜剧《神父特德》（*Father Ted*）中有一集，特德借助模型奶牛和远处田园里真正的奶牛向杜格尔（Dougal）解释了迷你的模型奶牛与远处看起来显小的奶牛之间的区别]。

在神话般的宾州小人国面前，一个来自深圳的微缩世界毫不示弱，并且还把壮丽写进了名字，这就是：锦绣中华。这里有兵马俑，还有三峡大坝，园方在宣传中向游客保证他们可以在一天之内遍览中华之精粹（显然世界各地的许多微缩景观都做到了这一点：保证游客可以一览所有风光。但其实什么都看不真切）。锦绣中华园区内共有 27 个村寨和 5 万多个栩栩如生的泥人。这个主题乐园非常成功，全球各地都想获得它在当地的经营权。1993 年，锦绣中华斥资 1 亿美元在美国佛罗里达州奥兰多市落成开业，吸引了大批好奇的游客前去观赏半英里[1]长的中国长城和中国杂技演员的特别演出。但后来，最初的壮丽消失了。2003 年，美国的锦绣中华停业。后来，在经历了大范围抢劫事件与鼠患问题之后，该地被改造成一处玛格丽特维尔度假村，名字取自乡村摇滚歌手吉米·巴菲特（Jimmy Buffet）的经典歌曲《玛格丽特维尔》（*Margaritaville*）。

再说回欧洲。当围墙内的世界变得迷你时，人们确实可以在由树脂和聚氨酯搭建的迷你世界里流连忘返。我们先从荷兰海牙的马德罗丹（Madurodam）小人国说起。这是一处值得推荐的旅游胜地，也是一个慈善机构。它建成于 1952 年，受贝肯斯科特的启发，园区以 1∶25 的比例呈现了各种你想见到的荷兰建筑和想了解的荷兰历史（这是游览型微缩公园的常态：园内的小人刚及我们脚后跟，小屋刚及脚踝，埃菲尔铁塔只有 12 米高）。接着我们再说说巴塞罗那附近的加泰罗尼亚迷你村（Catalunya en Miniatura）。它是一个相对较新的迷你世界，建成于 1983 年，建造目的是向建筑大师

1　1 英里约等于 1.6093 千米。

安东尼奥·高迪（Antoni Gaudí）设计的那座璀璨夺目的糖果屋以及130多个其他加泰罗尼亚结构的建筑致敬，其中包括巴萨主场诺坎普球场以及达利博物馆的附属楼。从西班牙移步到奥地利凯尔滕州的迷你世界（Minimundus）不过一小段距离。这是另一个汇集了白宫、泰姬陵等全球地标的地方。再走几步，我们就来到了埃朗库尔的法国小人国（France Miniature），这里的埃菲尔铁塔终于找到了家的感觉。

最可爱的迷你世界是卢加诺湖（Lake Lugano）畔的瑞士小人国（Swissminiatur）。20世纪70年代，由于汇率原因，瑞士小人国成了最受意大利人喜爱的旅游景点。他们越过两国边境线，用意大利里拉买最实惠的烟酒，决定在这里玩上一整天。他们会花几个小时晃晃悠悠地走过瑞士国父威廉·特尔（William Tell）的纪念碑和精心制作的阿尔卑斯奶酪制品。而现在，瑞士小人国已经很难守住最受人喜爱的旅游景点的地位了，即使是在卢加诺湖地区都有比它更吸引人的景点。但这里的模型既古香古色又发人深省，而且，这些模型无论是在数量上还是在诚意上都是独一无二的。你还想去哪里找红十字会日内瓦全球总部、圣莫里茨冬季奥运会上的俯式冰橇和施坦斯的温克里德纪念碑呢？瑞士小人国里唯一不协调的景观是泰坦尼克号的石膏模型（除非有人发现悬挂在维伦洛斯A1高速路上空的瑞享服务站模型）。瑞士小人国放大了世界各地的模型村庄都反映出的一个事实：把原本压根儿无法同时出现的人或物全部聚在一起这件事本身就是很滑稽的——欧洲歌唱大赛除外。

但是，如果你能在比利时的迷你欧洲（Mini-Europe）一次性看完所有景点，为什么还要大费周折地参观上述这些景区呢？拒绝前往迷你欧洲的一个原因是迷你欧洲着实太糟糕了，即使你完全没别的事可做，你也必须躲开它。决定建造这座迷你公园时的场景大抵是这样的：委员会想为市民提供一个新的娱乐场所，但是所有富有创意并且头脑清醒的委员都请病假了，大概是因为他们再清楚不过这座在他们监督下建成的公园会变成什么模样了。公园的入口有一只由工作人员扮成的橙色大乌龟，看到游客前来会送上敷衍的拥抱。入园以后便再也找不到丝毫人情味了。一路走下去，迎接你的是三百多个来自欧盟各国的没有灵魂的迷你建筑，其中就有爱尔兰蒂珀雷里郡的卡瑟尔岩、伦敦东区斯特拉福德的安妮·海瑟薇小屋（她在嫁给莎士比亚前的住所）以及一个北海的海上石油平台。这些由树脂制成的建筑模型随意地排列在一起。同样，这里当然少不了大本钟和埃菲尔铁塔。但是它们的存在只是强化了周围模型的违和感（并不是说卢森堡的四车道拱桥阿道夫大桥或者建于 1998 年、外观像航空母舰的里斯本海洋水族馆不是特别的建筑，而是它们与旁边的罗马斗兽场和雅典卫城并不能够相提并论）。事实证明，某些建筑之所以出现于此，是因为某些地方议员和旅游大臣提供了赞助。这显然又是一种新式的产品植入。

迷你欧洲像一种浓缩的愿景，也像一种毫无意义的集邮戳活动。即使它于1989年带着某种乐观主义精神在布鲁塞尔郊外开业时，也没有人能够讲明白建这座公园的目的究竟是什么。宣传手册问游客"支持还是反对欧洲联盟"，仿佛下一步就要问游客"支持还是反对世界联盟"了。在这一点上，我猜你肯定会提出异议。迷你欧洲被过度修整、过度赞助了，几乎没有一点人文色彩，让你对其他任何有特色的地方都充满了渴望。每年这里的游客接待人数大约只有30万。

要找到所有模型村庄中最耗时费力、最栩栩如生的，我们必须再次把目光转向英国，转向牛津郡那个名叫彭顿（Pendon）的模型村庄。彭顿博物馆里的模型精细又逼真，甚至可以说，从1931年建馆以来，即使几十年过去了，馆内工作人员对模型的打磨仍未结束。说真的，给模型"做最后的加工"这个想法很可能会吓坏博物馆里的模型制作师们。在这里，追逐使人兴奋。模型制作团队里的每个人都向着尽善尽美迈进，都争着慢工出细活，他们前进的速度在蜗牛看来都称得上小心谨慎。1968年的宣传册提到了一个重要的日期，这一天所有模型制作师终于可以回家了。宣传册是这么写的：模型的制作不会结束，它就像一张长期期票，会被不断"兑现"。

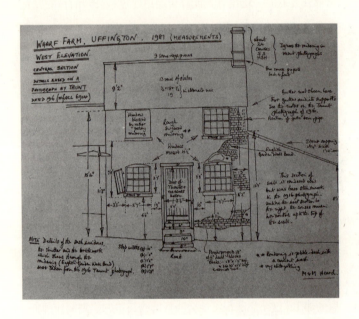

"进展缓慢"：彭顿博物馆里的一张农场建筑规划图。

博物馆坐落在阿宾顿市附近龙威滕汉姆的一座两层混凝土建筑内。博物馆体现了些许过分的挑剔和完美主义，这是设计者的执念。这位设计者的名字起得很有趣，虽然名叫罗伊·英格兰（Roye England），但他其实是个澳大利亚人。1925年，还不到二十岁的英格兰和亲戚一起到这个地方定居，从那以后他就爱上了这里，再也没有离开。后来，他居住的白马谷（Vale of White Horse）的景色变了，比如，附近一座茅草屋的屋顶竟然换成了粉色的石棉屋顶。这些变化让他十分难过，所以，他决定用微缩景观把周围的美景记录下来。他没有闹着玩，而是精雕细刻了每件作品。1968年的宣传册称模型制作工作进展"缓慢"；到了1990年，新的宣传册仍旧称工作进展"缓慢"，还含混地提到模型会"令人失望地长时间延迟开放参观"。后来的一本宣传册附上了一张英格兰在工作台旁的照片。他的工作台就像一张非常普通的桌子，他身后有半桶碎石、许多卷起来的规划图、分类账簿、文件，以及一张令人意外的人像，图中的女士戴着蕾丝帽。英格兰的穿衣风格与她不同，他穿着一件亮闪闪的短外套，面带笑容，手里托着一座还未完工的硬纸板模型屋。

　　渐渐地，一座有着农舍和其他建筑的微型景观出现了。一开始，彭顿博物馆[起初叫彭顿帕瓦（Pendon Parva）或"小村庄厅"（little village hall）]的展品陈列在一家青年旅社的几张桌子上，后来随着规模扩大，又被搬进了一个屋顶漏水的前皇家空军小屋，最后才入驻现在这个干燥的两层建筑。博物馆早期的一个亮点是馆内的一座木质布鲁内尔高架桥，虽然所有展品都可以被称作亮点，但是这座桥的每个细节都体现出微雕师精湛的技术和极度的专注。1971年，罗伊·英格兰接受了BBC牛津电台的采访。采访过程妙趣横生，英格兰绘声绘色地讲述自己如何动员当地农夫和店主仿建自己的农舍和店铺、如何爬梯以及如何用绳子精确地测量各种尺寸（模型的比例约为1：309，单位为毫米）。他也拍了许多照片。他还记得有一次他走到了一栋杂草丛生的农舍前，一位农妇叫住了他，英格兰希望征得这位女士的同意，给她的家拍几张照片。对方伸手指了指在花园对面棚子里抽烟的男人，很不客气地告诉英格兰："问他去！"于是英格兰便走过去问那位男士，结果男人用同样的语气告诉他："问她去！"后来，英格兰跟其他村民讲述这段经历时，一个村民劝他说："天啊，千万别去那儿，他会杀了你的，他会捅死你的！"

　　在采访中，英格兰说话的时候几乎不带一点澳大利亚口音，甚至可以和英国本土演员约翰·吉尔古德（John Gielgud）的英式口音相媲美。他操着一口纯正的英音向采访者讲述自己如何用白色硬纸皮制作一堵特别的农舍墙壁。他在硬纸皮上粘了许多小纸砖，每块纸砖的大小还没有本书里的一个破折号大。英格兰开心地回忆道："之前一位建筑家看到了这面墙壁，说他觉得这是 13 世纪的房子。"他还提到了农舍门上"制作难度极高"的紫色铁线莲。整株植物不过 1 英寸高，上面却有 201 片用防油纸剪成的叶子。显然，他为我们描述的这个世界是极其不牢固的。但他马上又开口了，意在暗示我们把自己的担忧咽下去。"大门旁的墙上有一只猫，身子是用巴沙木做的，尾巴是用棉花做的，它名叫斯基特尔斯[1]，原型是一只我量过尺寸的真猫。"英格兰解释道，在模型的制作过程中，有一半的时间他都在思考如何使材料在脱离了原本存在的环境以后还能被巧妙地用在模型上。他说自己在不停地寻找时下最先进的做旧技术。他用人的头发来制作茅草屋顶，中国人的头发用得尤其多，因为比起英国人的头发，中国人的头发更直也更实惠（在制作茅草屋顶前，他会先把头发送去利兹大学做防虫蛀处理）。

1995 年，英格兰辞世，那时彭顿已经是一个团队的成果了（英格兰希望团队里的每个人都能尽到自己的职责）。它还成了一家注册博物馆，馆内有一间茶室，边上是从宣传册上摘录的彭顿发展史（"进展缓慢"）。包括达特穆尔火车站在内的一些场景都已经建造完毕，但是最初激发英格兰打造彭顿微缩景观的白马谷村民劳作生活的景象还在建造当

1　Skittles 是一种从前在欧洲相当流行的游戏，可被翻译为九柱游戏，类似于现代的保龄球，只不过用九根木柱代替了现代保龄球的十个球瓶。Skittles 也有"轻松""欢乐"之感。

中，这种"山谷美景"是彭顿博物馆最为重要的部分。对模型建造的执念很容易遭到人们的嘲笑，但其实建造模型是一种伟大的创造、一种宝贵的历史记录，也是一个把模型当作教育工具的绝佳范例。他的作品告诉我们：这就是过去的模样。事实上，更恰当的一种说法是，这是我们竭尽所能打造出来的过去的模样。用来制作那道精心修剪的植物篱笆的材料其实是用于治疗静脉曲张溃疡的医用海绵。

模型制作的黄金时代还未结束，但用模型表现幸福的黄金时代或许已经结束了。如果彭顿的模型制作师们要在今天重操旧业，他们或许会和热衷于打造暴乱场景的吉米·考蒂（Jimmy Cauty）合作。考蒂没有步人后尘打造一派田园风光，而是创造了一个精致但又充满暴力的迷你世界——《暴乱余波》（Aftermath Dislocation Principle）。这个作品详尽地展示了一派混乱的局面：约5000名警察分散在各个暴乱发生地，救护车乱作一团，车顶上的车灯不断闪烁，大量的媒体人举着相机疯狂拍摄。模型以1∶87的比例呈现了一平方英里的土地。作品里随处可见被摧毁的灌木丛和混凝土大楼。我们其实并不清楚眼前的景象究竟是什么，不过有一点是清晰的，这是暴乱后的场面。但是这场暴乱究竟是什么呢？我们是否错过了一场严重的事故或者一场公众叛乱？还是说，这只是一个警察国家里普普通通的一天？我们只知道这是一种艺术，但这种艺术的目的是模糊的（不过它的地点是明确的，就在英格兰的历史中心贝德福德郡）。这件作品曾是班克斯（Banksy）在滨海韦斯顿策划的迪士马乐园（Dismaland）的重头展品。展览结束后，整座模型被分装进三个集装箱运往英国国内因发生过暴乱而闻名的旅游景点，最大的箱子长达 40 英尺（游客可以通过箱子上的窗口往里窥视）。这件模型暗示了一个国家的衰败。它的四周没有篱笆、围墙和网格，只有一些粗糙的断裂面，仿佛要告诉我们里面的居民会跌落悬崖，或者有可能已经失足跌落下去了。

考蒂是氛围音乐 KLF 乐队和情境主义艺术团体 K Foundation 的一员（他们最广为人知的举动就是在苏格兰的一座小岛上放火焚烧了 100 万英镑现金以及在 1992 年的全英音乐奖颁奖现场朝观众放了空枪）。像他这种性格的人建的模型村庄绝对会惊天动地。他说，他热衷于让观众把自己的故事融入模型，他不想用官方的介绍遏制观众近距离观察模型的欲望。他自己通过近距离观察得出的感悟是，如今的城市随处可见穿着醒目制服的人，建筑工人在拆毁房屋，安保人员盛气凌人地站在一起，警察又给人一种紧迫感。这不是一个让女性感到舒服自在的地方，换作任何人都不会感到自在。但是人们鲜少如此直观地感受到警察国家带来的压迫感。你看，一辆卡车冲进了麦当劳，一头奶牛闯进了一栋楼，一位警察正在用干草叉袭击另一位警察。映入眼帘的每幅恐怖画面都会激起一阵新的黑色喜悦。就像法国人类学家克洛德·列维－斯特劳斯（Claude Lévi-Strauss）所主张的，我们无法立刻掌握事物的全貌，但会沉迷于抽丝剥茧的过程。

蒂姆·邓恩（Tim Dunn）的桌上摆着一个考蒂工作室的无头警察模型。蒂姆·邓恩是研究英国模型村庄的专家（虽然这个范围并不大，但却是一个专门的领域），他在贝肯斯科特工作了很多年（他从十二岁起就在那里工作，担任过火车控制员、模型制作师、七十五周年庆活动项目经理）。所以，当废弃村庄里的过时模型需要寻找新家时，别人都会想起这位经验丰富的老前辈。2004 年，他接到了在乐高乐园工作的朋友打来的电话。朋友在电话中说，萨里郡的索普公园（Thorpe Park）正在拍卖公园里的模型世界（Model World）。这是一个获得各种专属模型的良机，诸如埃菲尔铁塔、纳尔逊纪念柱和为纪念斯大林格勒战役而立的动人雕像《祖国母亲在召唤》（*Motherland Calls*），它们都要为一座名叫隐形飞车的过山车腾出地方。虽然这些模型显然都不适合贝肯斯科特，但是由于拍卖估价较低，蒂姆·邓恩对此还是很心动，另外，他也想利用这个机会在他家的前室放一座迷你的埃菲尔铁塔，虽然他听对方说这座钢质的埃菲尔铁塔有 9 英尺高。他以 50 英镑的价格拍下了它，然后开着面包车，准备和朋友们一起把它带回家。但见到铁塔模型时，他们发现模型的高度并非宣传时说的 9 英尺，而是有 9 米。（邓恩真切地记得索普公园的工作人员对他说了一句："哎呀，我真傻！"）最后，他和朋友们只带得走铁塔的上三分之二，并且在接下来的十二年里，这部分铁塔一直摆在他叔叔在白金汉郡的后院里。邓恩和他的叔叔（也许还有叔叔的邻居）都认为他们没有拍下罗马斗兽场和胡夫金字塔真是万幸。

我问过邓恩建造这些迷你世界的原因，对此，他毫不犹豫地回答道："是沮丧。模型制作师大概对过去或未来十分沮丧。他们可能是为了从中寻求慰藉吧，也有可能是想通过建造一个真实的乌托邦、一个真正的模型村庄来掌控未来。"

我俩见面的时候，邓恩还就职于英国火车订票网站公司Trainline，正在给一本书做最后的润色。他的这本书谈到了真正的核心问题，书名就叫《模型村庄》（*Model Villages*）。他在书中记录了各种微缩作品，其中一个迷你世界来自伦敦某间住宅的花园，那是最早的模型村庄之一（大约建于1908 年）。书中也有近期的作品，比如英格兰埃塞克斯动力博物馆（Museum of Power）里的各种模型。邓恩最喜欢的是那些位置最偏远、造型最奇特的海岸模型，比如多塞特郡的 Tinkleford 模型村庄。不过由于它是由薄薄的粉色石棉制成的，因此并未公开展出。他还酷爱位于威尔士山间的意大利小镇（Little Italy），这是一处饱含个人情感的地方，是外出度假的意大利旅人向叹息桥和比萨斜塔致敬的产物。邓恩还很喜欢一种别具匠心的模型村庄，这些模型村庄里还包含着更小的模型村庄，在理想状态下，这个更小的模型村庄里还会有一个比它更小的模型村庄，就像俄罗斯套娃一样，一个套着一个，一直缩小到像一颗被压扁的豌豆，甚至比豌豆还小。

邓恩总结道："我觉得制作模型有点像园艺，人们会产生一种去驯化、去美化的欲望。你不能嘲笑人们追求快乐的方式。许多患有阿斯伯格综合征或自闭症的人会在制作或者欣赏模型时获得快乐和安全感。如果你是一个内向的人，除了制作模型，你还有什么更好的方法来打发时间呢？但制作模型也可以成为一种社交活动，因为你在展示自己的能力，在寻求交流，并且在以开放的姿态迎接批评和褒奖。你可以这么说，阅读是最孤独、最不具社交性质的爱好，但是没有人会认为爱读书的人不合群或者不会社交。"

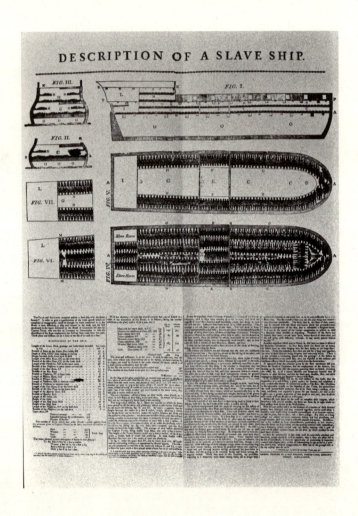

危险的行程：1789 年披露的奴隶船布鲁克斯（Brooks）上的恐怖景象。

1789 年的小故事：
英国奴隶船

　　18 世纪末，任何一个人，只要对奴隶贸易给人类造成的痛苦稍有了解，势必会下定决心要终结它。当时的非洲人被束缚住手脚，硬塞进拥挤的船舱，远渡重洋运往新大陆。这是一场残酷且常常致命的贸易。改革派对此感到非常震惊，他们深信，只要曝光贩奴者的暴行，他们就会马上停止这样不人道的运输方式及整个奴隶贸易产业。他们深信，人类本质里的正直最终会战胜可耻的贪婪。多么天真的想法啊！

　　改革派用了几十年时间才证实了他们的观点。18 世纪80 年代，反对奴隶贸易的请愿者首次将请愿书提交到英国议会，即使在那时，在前方等待他们的依然是最艰难、最漫长的斗争。无论是从政治上还是从经济上看，时机都不成熟。个人的基本利益最终打败了高尚的道德抱负。二十多年后，奴隶贸易终于结束了。它的终结要归功于一些人多年来坚持不懈的努力，也要归功于一场宣传活动。这场宣传虽然简单，却引起了强烈的反响，活动中的两条指导原则至今仍然适用：别光说，要展示出来；如果条件允许，就用微缩模型展示出来。

1789 年 5 月 12 日，时年二十九岁的约克郡国会议员威廉·威尔伯福斯（William Wilberforce）在下议院发表了一场演讲，演讲的内容被视为英国历史上最重要的文献之一，与其并举的还有《大宪章》、詹姆斯一世钦定版《圣经》、达尔文的《物种起源》以及克里克（Crick）和沃森（Watson）首次论证 DNA 结构的文章。但问题是，演讲的内容并没有被完整记录下来，我们现在只能获取一些零碎的片段。整场演讲持续了大约三个半小时，大部分演讲内容是威廉·威尔伯福斯即兴发挥的。威廉·科贝特（William Cobbett）在《议会历史》（*Parliamentary History*）中的记述是目前最可靠的信息来源。从中我们能够大致领略到一位议员对待人生第一场重要演讲时所持的谦逊态度。

他是这样开场的："我不会指责某个人，我只是为自己感到羞耻，也为整个英国议会感到羞耻，在我们治下竟然存在这样可怕的交易。我们都背负着罪责。"他的罪恶感来自奴隶贸易的方方面面，但其中最让他愧疚的是被贩卖的奴隶在运输过程中所处的恶劣环境。"那么多人挤在那样逼仄的空间里，这种折磨超出了人类一直以来的想象。"他指的是三角贸易中的"中央航路"（Middle Passage），即那段载着奴隶从非洲西海岸去往加勒比和美洲地区的蔗糖、棉花、烟草种植园的中程航线。他再次强烈要求各位与会者不要推脱责任。他相信，犯下恶劣罪行的利物浦奴隶贩一定会找理由："因为我坚信……如果把船上载着的几百名黑奴中的任何一位带到他们面前，讲述自己的悲惨遭遇……没有一个奴隶贩能承受得了。"

威尔伯福斯开始反对奴隶贸易的时间并不算早。在18世纪中期，贵格会的信徒们就率先开始反对奴隶贸易了。格兰维尔·夏普（Granville Sharp）、詹姆斯·拉姆齐（James Ramsay）、查尔斯·米德尔顿（Charles Middleton）爵士等早期的奴隶贸易反对者大概都在威尔伯福斯早期的议员生涯中对他产生过影响。独立运动热潮下的美国贵格会或许也对他产生过影响。但对威尔伯福斯以及其反奴隶贸易运动影响最大的是英格兰剑桥郡的一位圣公会牧师：托马斯·克拉克森（Thomas Clarkson）。克拉克森对奴隶贸易的兴趣始于一项学术研究（这也是他用来参加学生论文竞赛的参赛作品），但很快这就成为他毕生奋斗的事业。他从《神曲》描绘的九层地狱获得启发，描写了奴隶船上的状况：奴隶患上严重程度不同的痢疾和其他疾病、奴隶贩冷漠地把死亡看作一种职业病，诸如此类。

克拉克森在一次晚宴上见到了威尔伯福斯，并送了他一份精致的大礼：一个满满当当的大箱子。箱子里有棉花、染料、胡椒、刀具和乐器等各种非洲特产。他认为这些东西完全可以取代三角贸易中的奴隶。盒子里还有铁链、鞭子和其他施虐物品，这些都是残暴的船长用来控制奴隶和白人水手的工具。这是绝妙的、极富冲击力的视觉辅助道具。但更厉害的还在后头。

尽管威尔伯福斯口才过人，辩论语气慎重又适度，所谈的道德人权问题似乎也无可争辩，但他这场具有里程碑意义的演讲并没能终结奴隶贸易。相反，议员的辩论被迫中止了，议会休庭，并采用了一条最致命的拖延战术，把这个问题提交给了委员会。威尔伯福斯在日记中用冷漠的语气嘲讽道："废除奴隶贸易要等到明年了。"

当时威尔伯福斯的健康状况并不好，但是他没有放弃战斗。他意识到奴隶问题深深根植于国家经济福利，要实现变革，光靠深思熟虑的演讲稿是不够的（一个多世纪以前，英国从葡萄牙夺取了非洲主要的奴隶贸易控制权，但是包括法国、西班牙和荷兰在内的其他帝国，也在利用奴隶劳动打理殖民地）。受托马斯·克拉克森的启发，威尔伯福斯认为议会改革只能通过大规模发动公众舆论来实现。他还意识到要煽动公众舆论必须借助语言之外的东西。所以他另谋出路，制作了大量逼真的图示和手工木质微缩模型。

1788 年，银行家、业余艺术家威廉·埃尔福德（William Elford）为探究奴隶受到的压迫，走访了利物浦的一些船坞，还向一名英国海军军官打听了布鲁克斯奴隶船（Brooks，后来普遍被称为"Brookes"）的构造。他发现议会最近颁布的一项限制船载奴隶数目的法案确实起到了作用：在该法案颁布之前，每艘奴隶船可以运送 609 个奴隶，而法案颁布后，每艘奴隶船最多运送 454 名奴隶。借助这些数据，埃尔福德开始凭借想象绘制布鲁克斯奴隶船船舱的布局。通过图片，观众可以直观地看到即使装载条件得到了改善，但是奴隶在船上的生存空间仍然小得可怜，这种鲜明的讽刺更好地揭露了中央航路的恐怖程度。

埃尔福德画的是布鲁克斯奴隶船船舱处的横向剖面图，画纸上共有两幅剖面图。第一张图画的是将近 300 个奴隶被束缚着，一个挨一个地躺在一起，连坐起身的空间都没有。第二张图向人们说明了成年男性、成年女性和小孩分别能够获得多大的空间，以及主货舱上方的环形平台是如何（像教堂画廊那样）容纳了另外 130 个奴隶的，那里地板与横梁的距离只有 2 英尺 7 英寸。这简直就是艘棺材船。埃尔福德的画是他凭借自己过去担任绘图员的经验绘成的（他曾是英国皇家艺术学会会员），但是他画的平面图并不完全符合实际。严格来说，他的画并不精准（船模师一定会注意到木板画得偏厚了），而且他笔下的奴隶就算没有死，也是毫无生气的，就像研究奴隶制历史学家马库斯·伍德（Marcus Wood）说的，这简直是奴隶贩子们心目中的理想状态，屈从压迫的奴隶心甘情愿地挤在无比狭小的空间里。但同时，这也是一幅能引人共鸣的图片，用伍德的话来说，"它让看画的人填补了画中的情感空白"。也正是这种情感元素，使得这幅画产生了显著影响，获得了长久的成功。事实上，正如我们看到的其他微缩作品一样，这幅画也促使看画的人密切关注一个先前被忽视或未被正视的主题。对于大众而言，这是一种大胆直观的披露，所以一大批人（在某些地区甚至有多达四分之一的成年男性）在改革请愿书上签下了自己的名字。废除奴隶贸易的斗争是英国历史上第一次大规模的人权运动，非洲人民终于不再是可以交易的商品了，虽然这并不是他们自己争取来的胜利，但也确实是前所未有的突破。船只的尺寸缩小了，然而船上奴隶的痛苦却放大了。

　　克拉克森根据布鲁克斯奴隶船的剖面图委托他人（也可能自己动笔）画了一个更完善的版本，进一步补充了拥挤的舻楼甲板的剖面图。图片上的文字大概也是他添加的。文字详细介绍了船的尺寸以及船上奴隶小得可怜的生存空间。在伦敦首要的反奴隶贸易团体的帮助下，这幅剖面图得到了广泛传播。印刷业的重要进步使得印制更便宜、更精细的版画成为可能。据统计，他们共印制了1700张单页铜版画以及

7000 张木版画。后来，奴隶船的剖面图在费城以更大的规模印制传播。更重要的是，当地的报纸也刊登了这幅剖面图，它也由此得到了更迅猛的传播。

1789 年威尔伯福斯演讲结束后几周，克拉克森去法国巴黎会见了当地的废奴主义者，结果发现当地废除奴隶贸易的进程比英国还要缓慢。不出所料，几乎所有的改革力量都被用在法国大革命上了。他随身携带了许多布鲁克斯奴隶船的印制品，虽然人们知道路易十六支持废奴运动，但人们都认为他太软弱了，根本无法直视这令人不寒而栗的图片。于是，克拉克森转而向领导过美国独立战争的拉法耶特侯爵（Marquis de Lafayette）以及他的革命同僚米拉波伯爵（Comte de Mirabeau）寻求帮助，并获得了他们的大力支持。布鲁克斯号的剖面图给米拉波带来了极大的震撼，米拉波托人制作了一个 1 码[1] 长的木船模型以及许多象征船上奴隶的小人像。他还为法国国民议会准备了一篇演讲："看看这个载满了可怜人的船模吧，不要移开视线！看看他们挤在狭小的甲板间的模样！他们无法站直身体，即便坐着，也得弯下脑袋……"

但是本该让他发言的那场会议因奴隶贸易游说团体的施压而取消了。不过，我们依然能从印刷出来的演讲稿上清楚

1　1 码等于 0.9144 米。

地感受到米拉波心中熊熊燃烧的怒火。"请看看，船只颠簸时，上面的可怜人会互相碰撞，被身上的锁链撕扯，落得遍体鳞伤，承受着数不清的折磨……可怜的人啊！我能看到他们的痛苦，我能听到他们急促的呼吸……"

模型帮助我们看到奴隶在船上受到的磨难。威尔伯福斯也有一艘木质奴隶船模型（制作者不详）。在 1790 年和 1791 年的两场特别委员会听证会上，他都用到了这艘船模，还在后来下议院的辩论中把模型交给前几排的议员传阅。它的长度大约是米拉波模型的一半，米拉波模型里放置可拆卸奴隶模型的位置贴上了数层从印刷剖面图上剪下的人物图案。看到船模的人也感到极为震惊，马上就意识到奴隶贸易竟然这么恐怖，先前所有的言语都没有达到这样的效果。

克拉克森为了搜集支撑议会辩论的证据，冒着危险在英国的许多港口走访了好几个月。不出所料，愿意帮忙的奴隶贩寥寥无几。偶尔有个船主或者船舶清洁工会提供一些有用的信息，作家、画家、诗人 [包括乔治·莫兰（George Morland）和威廉·古柏（William Cowper）] 也提供了一定的帮助。乔赛亚·韦奇伍德（Josiah Wedgwood）制作了一大批令人震撼的浮雕饰品（胸针、挂坠和胸章），浮雕刻画的是一个戴着镣铐跪地的奴隶。但是这些都没有像那艘船模那样，

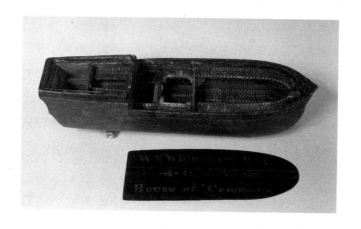

59

对议会产生直接的影响。因为那艘船模是对人类苦难最直观的呈现，对那些托起过它的人而言，现实是不可否认的：他们手上托着的，是人的命运。

争论持续的时间越长，拥挤不堪的布鲁克斯号（以及其他类似的奴隶船）出航的次数就越多。1807年，奴隶贸易终于得以废除，或者说，至少在英国得以终止。威尔伯福斯成了一位受人喜爱的英雄和历史课的宠儿，托马斯·克拉克森和其他"圣人"也得到了应有的回报。在拿破仑战争后期的几年里，人们又努力说服法国和其他欧洲帝国效仿领头者英国终止奴隶贸易。布鲁克斯号的剖面图始终是一个强大工具，1815年，教皇庇护七世（Pope Pius VII）一看到它，就决定公开反对葡萄牙和西班牙的奴隶贸易。几个月之后，葡萄牙人的奴隶贸易被叫停。1818年，法国终止全部奴隶贸易，两年后，西班牙也终于叫停了奴隶贸易。

无论通过废除奴隶贸易的法案一事看起来多么神圣，它都无法将痛苦的记忆抹去。尽管那幅剖面图和那艘木质船模意义非凡，但是人们不该指望借此消除持续数世纪的暴行留下的痕迹。不过，在提醒人们其作用和带来的进步上面，这两件微缩作品的角色却越发突出。当年威尔伯福斯在下议院传阅的船模现在被收藏在赫尔河畔威尔伯福斯故居的箱子里，威尔伯福斯就出生在这个屋子里。年长的读者可能会记得，这艘船模曾在1969年BBC纪录大片《文明的轨迹》

（ *Civilisation* ）的最后一集中短暂出镜。其他人在看见如今在地中海寻找安全港湾的移民船时，或许会听到一些令人不安的回音。

所爱皆虚幻：理查德·科斯韦（Richard Cosway）画笔下威尔士亲王的英姿。

第三章

婚姻的肖像

1796 年 1 月，威尔士亲王决定死后只带走一件东西。他在遗嘱中要求，下葬时要穿着自己咽气时穿的衣物。去世时，他身穿睡袍，脖子上戴着一个盒式项链金坠，里面装着玛丽亚·菲茨赫伯特（Maria Fitzherbert）的画像。那是他唯一的挚爱（"我的妻子！我内心和灵魂的妻子！"）。这个盒式项链金坠造型华美，做工精细，呈椭圆形，高 37 毫米，外围嵌着 18 颗玫瑰造型的钻石，吊环上还有另外 6 颗钻石。小盒子里的象牙肖像画出自理查德·科斯韦之手，当时的贵族都视他为世界上最优秀的微型肖像画画家。

立下遗嘱三十四年之后，这位威尔士亲王（在去世时，他已经以乔治四世的称号统治英国十年了）终于得偿所愿。1830 年，他的遗体在温莎城堡下葬，菲茨赫伯特的肖像如他要求的那般"就放在心口上"。他的遗嘱执行人之一威灵顿公爵，看见他和这张肖像画一起躺在临终的病榻上。他是少数几个知道整个故事的人之一。

1780年，坐在马车里的乔治对玛丽亚·菲茨赫伯特一见钟情，但直到四年后在歌剧院与她偶遇，他才展开了自己的追求攻势。人人都知道乔治王子是个挥金如土的花花公子，年长他六岁的玛丽亚对他的追求无动于衷。乔治王子还以难以揣测著称，他为了赢得玛丽亚的芳心，设计了一个颇具骑士精神但又十分冒险的策略。他朝自己的胸口捅了一刀，派使者告诉玛丽亚，如果她不马上去卡尔顿府（Carlton House）看望他，他就会（冒死）解开包扎伤口的绷带。于是，玛丽亚去看他了。据玛丽亚的表亲、传记作家威廉·斯托顿（William Stourton）说，玛丽亚看到眼前苍白绝望的王子时大吃一惊。但更让她震惊的是，乔治王子竟然向德文郡公爵夫人乔治亚娜（Georgiana，陪在玛丽亚身边的监护人[1]）伸手要戒指给玛丽亚戴上。玛丽亚迫不得已戴上戒指试了试尺寸，还答应了要嫁给他。翌日，玛丽亚后悔了，并逃往法国，希望整个婚事能这样不了了之。

但是事与愿违。后来他们的感情时好时坏，但一切都是在暗中进行的。因为玛丽亚是一名罗马天主教徒，王子的父亲国王乔治三世也不认可她，他们的婚事至少会被两项法

1　旧时英国的未婚女子在公开场合活动时必须有年长女性的陪同。

令禁止。后来，直到牧师约翰·伯特（John Burt）从弗利特监狱（Fleet Prison）出狱后，才终于有人主持了他们的婚礼。当时的酒馆里都是闲言碎语，他们的婚事搞得满城皆知。醉汉的话可能很刺耳，他们不断重复着乔治亚娜对乔治王子和玛丽亚的描述，他"太胖了，就像是穿着男人衣服的胖女人"，而她的下巴"太刚毅"，一口假牙很不协调。

乔治王子对玛丽亚的感情起起伏伏。现代历史学家认为他对玛丽亚的爱意一方面源于性，另一方面源于对母亲的依恋。1785 年，刚刚开始追求玛丽亚的乔治就给她写了一封四十二页的情书，向她保证"我要带着你的爱意飞翔"，成为"你最好的丈夫……忠贞不渝的丈夫"。爱意得不到回应时，他还会以死相逼。婚后他有过几次外遇，但他通常都会带着悔意回头，并保证不会再犯。1795 年，一切似乎都结束了，乔治王子同意迎娶来自不伦瑞克的卡罗琳公主（Princess Caroline of Brunswick）。但是这场婚姻（也算得上是重婚行为）仅仅持续了一年。（乔治同意与卡罗琳结婚只是为了从父亲那里获得财政援助，偿还自己的巨额债务。两人之间显然没有任何感情基础，据说，他在婚礼当天见到卡罗琳时，直言不讳地说："我不舒服！请给我一杯白兰地。"）

除了陪葬的那幅肖像画之外，从 1784 年至 1792 年，乔治王子还委托理查德·科斯韦绘制了不下四幅菲茨赫伯特的微型肖像画，每幅的费用大约为 30 尼（约相当于现在的 1500 英镑）。其中一张乳白底色的画像上只画了她的右眼。乔治王子觉得菲茨赫伯特大概也会喜欢自己的画像，所以他也托科斯韦为自己画了一幅画像，并把它装进另一个类似我们在上文介绍过的盒式项链金坠：椭圆形，外围镶着 24 颗玫瑰状的钻石，用来保护象牙肖像画的盒盖不是用玻璃或水晶制成的，而是用的钻石，与乔治四世去世时佩戴的那个项链坠一样，都是由皇家珠宝商 Rundell, Bridge & Rundell 制作的。2017 年 7 月初，我有幸亲手捧过这个项链金坠，那感觉仿佛在手心上捧着一块珍宝。

当时这个项链金坠将在伦敦佳士得拍卖行的"特销会"（The Exceptional Sale）上拍卖。特销会是一种特殊的拍卖会，会场上的各种贵重物品都有可能出现在其他的特殊拍卖会上，不过这些藏品背后通常都有一段故事，所以有可能会吸引到平常对它们并不感兴趣的买家，比如盒式项链坠就是其中之一。其他被拍卖的藏品有一对马镫，据说是威廉三世在 1690 年博因河战役中用过的东西，还有法国查理五世为他在巴黎圣德尼圣殿的陵墓命人雕刻的两只大理石狮子，等等。马镫的拍卖价格达不到预计的 4 万到 6 万英镑，而这对石狮子的售价则超过了 930 万英镑。那么，这个盒式项链坠又会卖出怎样的价格呢？

"人们立刻就被这个盒式项链坠吸引了，它就是最好的爱情信物。"在预售环节中，乔·兰斯顿（Jo Langston）一边从展示柜中取出盒式项链坠，一边说道。兰斯顿负责管理佳士得拍卖行里的微型肖像画。她花了六个月的时间在拍卖行附近的伦敦图书馆研究这个盒式项链坠的历史，并深深地迷上了它。她了解到原来是因为乔治施计捅伤自己才促使他和玛丽亚走到了一起，还有乔治在临终前几天强烈坚持要按他的要求下葬。她还从玛丽亚的养女明尼·西摩（Minney Seymour）那里一路追踪这个盒式项链坠的下落，最终找到了现在的卖家——玛丽亚的一位远房亲戚。

　　肖像上的乔治头发蓬松，面上有斑。他的脸向外转了四分之一，目光朝向锁扣的位置，看起来很乐观。他一身戎装，胸口和脖子处裹着盔甲。或许远方有战争正在肆虐，或许他正在脑中想象一场大战。我们并不清楚这到底是不是一幅写生画，不过看起来很有可能是。兰斯顿感慨道："现在我们基本不画微型肖像画了，但是我们常常把爱人的照片设置成手机锁屏画面。"这幅肖像仍旧闪着光芒，并没有因为光照而褪色。"市场上还没有与之媲美的藏品。我们要做合理的估价，不能把价格定得太高，让买家望而却步。从价值方面来看，这个盒式项链坠背后的故事有助于提高其附加值。前一阵，我把乔治四世和玛丽亚的爱情故事讲给一位女士听，她当场就落泪了。"我拿着这个盒式项链坠，脑中蹦出两个词：闪闪发光、无价之宝。一般来说，科斯韦的优质作品可以卖到 4000 至 6000 英镑。而这幅肖像画的价值则高达 8 万到 12 万英镑。

理查德·科斯韦为英国皇室成员画过大大小小的画像。早在完成上述两幅著名微型肖像画的前几年，他就已经是乔治的御用画师了。他不仅画人像，卡尔顿府那精致的天花板也是他画的。科斯韦共为乔治画过大约五十幅微型肖像画，乔治的频繁光顾使得科斯韦收到了更多作画委托。1789 年，他为克拉伦斯公爵（Duke of Clarence），也就是后来的威廉四世作画；1804 年，他为路易·菲利普（Louis-Philippe），即后来的法国国王作画；1808 年，他又为阿瑟·韦尔斯利（Arthur Wellesley，即后来的威灵顿公爵）作了一幅画，画中是半岛战争开始前身穿红色军装的阿瑟。

科斯韦的微型肖像画一般都不小于七厘米，常常会比前辈的作品稍大一些。他独特的作画技巧使得他颇受财势显赫之人的喜爱。传记作家斯蒂芬·劳埃德（Stephen Lloyd）在为他写传时指出，科斯韦会故意放大模特的双眼，还会调大模特脑袋与身子的比例。另外，他常用的朦胧的天蓝色背景也会把画中人衬托得更好看。"这些迷人又私密的画像可以被看作一面面镜子，摄政时代的精英社会可以透过它们看到自我。"劳埃德在书中引用了威廉·哈兹里特（William Hazlitt）的一句话来描述这些画像："科斯韦的画像不是为了迎合时尚，它们本身就是时尚。"

日记作者威廉·希基（William Hickey）详细记叙了科斯韦对完美的追求以及他从工作中获得的快乐。按科斯韦的速度，他一天可以为十二个人作画。但是1781年12月，希基的女伴夏洛特·巴里（Charlotte Barry）出现在他面前时，他用了整整三个小时为她作画。

科斯韦领着夏洛特走进画室，擦掉了已经画得颇为细致的头发，认认真真地勾勒出她真实的样貌，画中的她和我面前坐着的那个她一模一样。正如科斯韦所言，这是我见过的最漂亮的画之一，再也没有人能画出如此逼真的画像了。我劝他不要再修改了，但磨破了嘴皮也没能说服他……他说他得再打磨一会儿衣服上的褶皱。他对自己的画技颇为自豪，甚至不屑向他人展示……

除了科斯韦，历史上还有许多知名的微型肖像画画家。最早的宫廷微型肖像画可以追溯到16世纪20年代，一位名叫让·克卢埃（Jean Clouet）的宫廷画师开创了这一画法[有趣的是，请他作画的人大多叫他雅内（Janet），而且也

这么叫他的儿子 [1]。在同一时期的英国，来自比利时根特的霍伦鲍特家族（Hornebolte，有时也叫 Horenbout）也开始了自己的微型肖像画事业，并成了亨利八世最喜爱的画师。卢卡斯·霍伦鲍特（Lucas Hornebolte）为亨利八世画过至少四幅微型肖像画，他的作品为接下来一个多世纪的微型肖像画风格奠定了基调：在犊皮纸上用水彩绘制精致的人像，画面要包含模特的头部、肩部（而不只是整个面部），外形基本上为圆形而不是椭圆形。德国著名画家小汉斯·霍尔拜因（Hans Holbein the Younger）师从卢卡斯，从他那里学会了如何画比常规人物肖像更小的微型肖像画。1540 年，正是小汉斯为克里维斯的安妮（Anne of Cleves）画的那幅手掌大小、美化后的画像让亨利八世认为，由她代替简·西摩（Jane Seymour）成为王后或许是个不错的选择。但安妮抵达英国后，亨利八世才发现真人并没有画像那么赏心悦目。

微型肖像画艺术最初被称为"绘画"，融合了抄本插图的特点。早期的作品常常被用在徽章上，还常常被贵族用作名片。亨利八世和伊丽莎白一世都向外国皇室展示过类似的

1　即弗朗索瓦·克卢埃（François Clouet），文艺复兴时期的欧洲艺术家，著名的风俗场画与肖像画画家。

名片。后来乔治四世恢复了这一传统。不过包括霍尔拜因、弗拉芒手绘艺术家勒维纳·蒂尔琳克（Levina Teerlinc）在内的早期微型肖像画画家都不视自己为微型画画家，而称自己是特殊的画家，只是偶尔画一些微型画（亨利八世称蒂尔琳克这位罕见的卓越女性画家为他的"paintrix"[1]）。16世纪70年代，尼古拉斯·希利亚德（Nicholas Hilliard）的出现才使得微型画真正成为一种独特的艺术形式。

1547年，希利亚德出生于德文郡。他的父亲是一名金匠，耳濡目染，他对金银细工有了较高的鉴赏能力。他的第一幅微型肖像画是在十二岁左右创作的。他在画中展现出的独特天赋在现在看来仍然非同寻常，有批评家认为这幅微型肖像画是"私人家具"。看过希利亚德更为成熟的画作的人都会沉醉其间。他不仅为伊丽莎白时期的贵族女性画常规的肖像画，也为虔诚的年轻男子画全身肖像，最著名的就是《火焰中的年轻男子》（*Young Man Against a Flame Background*）和《握手》（*Young Man Clasping a Hand from a Cloud*）。这些具有象征意义的肖像画外围是一圈复杂的花边和珠宝。希利亚德为我们留下了完整的制作方法，他用一种胶水让水基涂料更好地在犊皮纸上着色，有时他也会用金水。1600年，他

1　trix 是一个名词词缀，用来把以 ter/tor 结尾的名词变为阴性名词，这里将 painter（画家）变为 paintrix，是为了突出蒂尔琳克的女性身份。

聊起微型肖像画的魅力时说："绘画，是一种与众不同的东西，它胜过了所有其他画作。"

历史学家卡特琳·库姆斯（Katherine Coombs）在介绍希利亚德时说，他也将自己的作品定义为"一种绅士的画作"，他此言指的是画师在作画时要做到尽善尽美。他说，这是一份不需要费心费力的工作，这是一种追求，绅士"可以在他想离开的时候离开"。另外，他还这么写道："这是私密的，人们可以暗自欣赏，其他人几乎无法察觉。"1627年，画家、批评家爱德华·诺盖特（Edward Norgate）写了一篇题为《微型画或绘画艺术》（*Miniatura, or the Art of Limning*）的论文，之后"miniature"（微型）一词才流行起来，而且含义迅速扩展，很快就与微型画之外的其他小东西联系在了一起。

诺盖特还说，微型画画家不仅要掌握高超的画技，还必须具有特定的性情。他认为"绘画学习者的一举一动"都应当是"非常洁净的……至少要穿上丝绸衣服，比如紧身裙，以防沾染灰尘和头发，不要穿直筒裙，还要注意头发上的头皮屑"。他还建议学习者不要一边画画一边说话，以防唾沫飞溅到作品上，如若不然，整幅作品就只能作废。

微型肖像画有什么吸引人的地方呢？微型肖像画是一种高端的玩物，就像后来的瑞士手表，只有富人才能付得起佣金并成为画师的模特，也只有非常富有的人才付得起一大堆肖像画的佣金。贵族用它作为名片，交换彼此的肖像画，就像国际足球比赛开赛前双方队长交换旗帜一样。乔治四世就分发了许多科斯韦为他画的"名片"：普鲁士元帅布吕歇尔（Prince Blücher）和普拉托夫伯爵（Count Platov）都把他的微型画像当作荣誉勋章一样戴在胸前。女性通常会像戴着结婚戒指那样戴着她们的肖像画，暗示自己的婚恋状态。男性在对待爱情信物时则更含蓄一些，他们通常会把肖像画藏在衬衫里面的绶带背后。乔治四世就这样保管玛丽亚的肖像画，纳尔逊（Nelson）将军对待爱玛·汉密尔顿（Emma Hamilton）的肖像画也是如此（1805年，为纳尔逊将军缝合致命伤的人说自己亲眼看见汉密尔顿夫人的肖像就放在他的心口上）。毕竟，微型画像方便携带，所以无论人们走到哪里，微型画像都不太会缺席。没有人能比莎士比亚更懂微型画的方便之处了。他用微型画推动故事情节、揭示或隐藏人物的真实身份。在《第十二夜》中，奥丽维娅恳求女扮男装的薇奥拉收下装有自己肖像的饰品："拿着，为我的缘故把这玩意儿戴在你身上吧，那上面有我的小像。"在《哈姆雷特》中，王子要求母亲对比他父亲和继父的两张肖像："来看，看看这张画像，再看看这张，这是两个兄弟的肖像。"

和其他微缩物品的发展一样，后来，痴迷于微型画的人也越来越多，相当一部分圈外人对这门艺术产生了兴趣。17世纪顶级的微型画画家之一理查德·吉布森（Richard Gibson），最初在作品上的签名是D.G，D可能是简称Dick，也有可能指 Dwarf（侏儒）。与吉布森的微型画同样闻名的还有他的身高：3 英尺 10 英寸 [1]。虽然吉布森为查理一世和奥利弗·克伦威尔（Oliver Cromwell）画过肖像，但让他成名的却是另外两件事。第一件事是他娶了一位名叫安娜的女士为妻，安娜和他一样高，然而他们五个孩子的身高却与常人无异，这些都成了文人创作诗歌和故事的素材。第二件事很有戏剧性。1640 年夏，国王藏画看管人亚伯拉罕·范·德·杜尔特（Abraham van der Doort）受到委托看管吉布森的微型画《牧人寻羊》（*The Parable of the Lost Sheep*），但不知为何，他突然不记得自己把画放到了哪里。他心急如焚，最后走上绝路：他因不愿面对大发雷霆的查理一世而选择了自缢。然而，不久之后这幅画却重新出现了。

到了 19 世纪中叶，贵族们对微型肖像画的狂热逐渐消退，那些寻求写实肖像的人把目光转向了摄影（而那些偏爱朦胧的人则喜欢上了印象主义）。微型画的发展与希利亚德的想法背道而驰，人们越来越觉得画微型画没有男子气概，加之后来玩偶屋带来的乐趣，人们普遍认为这是一种适合女性的安静爱好。如今，微型画已成了常见的布景道具，如果改编自奥斯汀或勃朗特小说的影视作品中，桌子或墙上没有一两幅微型画的话，那它们就是不完整的。小说中的人物看

1　大约 1.2 米。

微型画的样子，就像现在的我们看全家福一样。

　　不过乔治四世那张特殊的微型肖像画仍然会让我们心动。2017 年 7 月 6 日，在佳士得拍卖会上，人们终于可以亲眼看到科斯韦笔下乔治四世的英姿。刚一开拍，这幅画像的价格就打破了科斯韦作品之前的拍卖纪录，还一路飙升。最终，中标人（一位私人收藏家）以高达 34.1 万英镑的总费用成功拍下了画像。这幅画像大概再也不会出现在公众眼前，它背后的浪漫纠葛也像魔术一样消失不见了。

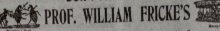

DON'T BE SKEPTICAL

SEEING IS BELIEVING

DON'T FAIL TO VISIT

PROF. WILLIAM FRICKE'S

Merry-Go-Round

Fighting a Duel

Original - - Imperial

FLEA CIRCUS

THE ONLY SHOW OF ITS KIND IN THE WORLD

Genuine   Direct from

European Novelty   Drawing Carriage   Hamburg, Germany

300 PERFORMING FLEAS 300

Alive and Living - - - Not Mechanical

Using Only the Genuine European Human Fleas

In Various Performances

Juggling a Ball

Drawing Carriages, Juggling a Ball, Operating a Merry-Go-Round, Presenting Large Pantomime Ballet in Ladies Costume, Operating a Mill, Fighting a Duel, Operating a Swing, Walking a Tight Rope, Jumping Through a Hoop, and other Realistic Feats.

Dancing Ballet

An Exhibition showing what 41 Years of most tedious work has accomplished

EVERY ACT VISIBLE TO THE NAKED EYE!

EVERY FLEA HAS ITS OWN NAME!

THERE IS NO DANGER OF ANY DESERTION IN OUR FLEA FAMILY!

Walking Tight Rope

Riding a Bicycle

Jumping Through a Hoop

WITH the CARNIVAL

1851 年的小故事：
德国汉堡的天才跳蚤

　　1851 年上半年，伦敦莱斯特广场上建起了一个遮天蔽日的巨型穹顶建筑。建造方在建造时做了广泛的宣传，但人们对它都抱着迟疑态度。穹顶内是一个直径 60 英尺的球形场馆，场馆各层由 "Z" 形阶梯互相连接，人们每走上一级阶梯，都能从眼前仿地球表面的墙壁上观察到地表的多样性。场馆内没有南极洲，但是顶部的通风系统旁就是北极，向北极拾级而上，人们可以一路感受到非洲的黑暗以及欧洲文明的力量。这个球形场馆也是一个有关尺寸与比例的展览：世界是多么广阔和奇妙，行走在其间的我们又是多么渺小。可是，仅需在场馆内的四块大洲上徜徉一天时间，我们就能把任何有关尺寸和比例的想法抛到九霄云外去了。

　　这个球形场馆是地图制作商、康沃尔郡博德明地区下议院兼职议员詹姆斯·怀尔德（James Wyld）的创意。场馆的建造费用为 1.3 万到 2 万英镑，从数值上看是一笔不菲的开销，但场馆的投资方得到了成倍的回报：场馆开业的第一年就吸引了超过 100 万人前来参观（场馆共营业了十年）。其中一名游客是《笨拙》（Punch）的记者，体验过怀尔德的微型世界以后，他开始思索火星游客会如何看待这个"地球"。他发现每个星期天这里都会闭馆，馆内只有全职职员，其中一个是缀着亮色纽扣的迎宾门童。这个世界没有法国的革命，也没有美国的种族歧视。

怀尔德的地球展览开幕六个月后迎来了竞争对手，莱斯特广场上又出现了一处模型展。主办方声称这是"伦敦最新奇的表演"，对此，只有一种合乎逻辑的回应："它当然是最新奇的表演！因为它是一个跳蚤马戏团！"而且，它不是随随便便的跳蚤马戏团，而是由利杜斯德若夫（Herr Lidusdroph）先生的"全球 200 强跳蚤"（200 Fleas of All Nations）组建的跳蚤马戏团。你可能会问这些跳蚤能做什么，其实你应该问：有什么是这些跳蚤做不到的！它们可以化身俄罗斯炮兵"发射大炮"；八只跳蚤就可以拉起一辆载着一名车夫和一名警卫的马车（车夫和警卫也是跳蚤扮演的）；"俄罗斯大力士"可以背起十二只跳蚤；压轴表演是"爱国者科苏特（Patriot Kossuth）制伏跳蚤奥地利（Austrian Flea）"［或许像海报上介绍的那样，可以称其为"落跑的奥地利"（Austrian

Flee）]¹。跳蚤马戏团的门票价格和怀尔德地球展的一样，都是一先令。面对如此低廉的价格，人们怎会不争相观看呢？

利杜斯德若夫先生并没能独占跳蚤马戏的商机。他的主要竞争对手，可能也是他的启蒙老师——路易斯·贝尔托洛托先生（Signor Louis Bertolotto），在伦敦、加拿大和纽约都举办过演出。他的跳蚤以"勤劳"和"智慧"著称，扮演过威灵顿和拿破仑，也模仿过堂吉诃德和堂吉诃德忠实的侍从桑丘·潘沙 [看到"先生"这个称呼你有理由提出异议，其实他们都是演艺人员。贝尔托洛托的身世不明，可能来自伦敦也可能来自威尔士，其实有好几个人都以这个名字在多个国家同时经营着跳蚤马戏团，他们的艺名可能是贝尔托洛托也可能是贝尔托洛提（Bartoletti）]。一位贝尔托洛托先生在回忆录中提到，雄性跳蚤非常懒惰，所以他只用雌性跳蚤。他指导的一场表演是"一个娇小的黑发美女坐在沙发上和一个时尚情郎打情骂俏，而黑发美女的母亲满脑子想的都是刊登在报纸上的政治活动"。看到这样的情景，所有的演员都是雌性跳蚤的事实似乎也变得没那么重要了。

20 世纪初，又一个跳蚤马戏团经纪人出现了，他就是

---

1 科苏特是匈牙利民族解放运动的领袖，他带领匈牙利抵抗了奥地利入侵。文中 flee（逃跑）与 floa（跳蚤）谐音。

威廉·弗里克（William Fricke）教授。弗里克声称自己办的是"举世无双的跳蚤马戏"，尽管现在的我们已经知道其实还有其他精彩的跳蚤马戏表演，不过当时，在团队规模上，弗里克的跳蚤马戏团确实算得上独一无二，因为他拥有三百只跳蚤，而利杜斯德若夫先生仅有两百只。另外，他的跳蚤在表演能力上也是独领风骚的：它们不仅会走钢丝、使用磨具、推动旋转木马，还会穿着女装进行大型芭蕾舞演出。弗里克在海报上是这样宣传的：这场表演是"四十一年艰苦训练的成果"。但是观众对此感到不安，需要安抚：海报上还说"我们绝不会遗弃马戏团里的跳蚤"。另外，他还保证所有的跳蚤都是"活的……不是死板的机械跳蚤"。最令人印象深刻的是，"每只跳蚤都有自己的名字"[人们只能猜测主办方是不是为三百只跳蚤取了三百个不同的名字，而不是随便取一个名字，比如桑尼·吉姆（Sunny Jim），供所有跳蚤使用。但是人们只有进场观看表演才能知道真相]。

海报上说这个跳蚤马戏团是从德国汉堡直接来到英国的。也就是说，它们并未半路经停阿姆斯特丹或者巴黎，也不能在停工期间去游览女神游乐厅或者杜伊勒里。但即使是跳蚤，或者说，尤其是跳蚤，也怕工作过度。它们是那样卖力地跳舞、走钢丝，它们的工作量远远超出了跳蚤这一物种所能达到的极限。如果你觉得这一切看起来荒谬、怪诞，那么，我猜你应该不了解这些跳蚤表演家或者跳蚤市场的原则。

恐怕我们得从头说起了。

跳蚤马戏团是真实存在且活泼有趣的团体，它们时而光鲜亮丽，时而又令人同情。维多利亚时期的人们为了设计或者欣赏跳蚤马戏，甚至不惜损伤视力。有些跳蚤马戏团混有机械磁铁跳蚤，有些跳蚤马戏团则用发条、细线或者尘土替代跳蚤，不过大部分马戏团或多或少地展示出了宣传材料上的看点。其实，尽管跳蚤并非自发地挑起决斗，但是它们确实可以表演打斗的场面：训练师会在两只跳蚤的腿上绑上铁丝，再把它们放进一个长罐子里，跳蚤表现出的动作就像是在格斗一样，而实际上，跳蚤只是在摆脱身上的异物。若是把跳蚤拴在小车或者马车上，那么看起来就像是跳蚤在开车一样。跳蚤用了九牛二虎之力拉着比它们重很多倍的物体行进。跳蚤看似会钻铁圈、走钢丝，其实不是因为它们经过训练，而是因为它们极其压抑：一旦被从容器中放出来，套上道具，除了挣扎、托举、乱跳，它们还能做什么呢？

即使是最复杂的跳蚤马戏团也能被轻轻松松地放进手提箱。跳蚤马戏团的表演道具通常摆成一个圆圈，最上方吊着钢索，周围是马戏团里常见的花哨条纹。不过，跳蚤马戏团的起源可不是喧闹的马戏表演，而是静物展示。据说在1578年，一位名叫马克·斯卡利奥（Mark Scaliot）的伦敦珠宝商最先想到了这个创意。他创造了一种新方法来展示自己灵巧的手艺和产品的细节：他把挂锁、吊坠或者戒指挂在一

"跳蚤以我为生，我也以跳蚤为生"：西四十二街休伯特博物馆（Hubert's Museum）里威廉·赫克勒（William Heckler）教授的跳蚤。

只跳蚤身上，来展示其轻巧。其他的珠宝商纷纷效仿，对他们而言，把珠宝套在跳蚤身上，就像把戒指套在手指上一样简单。他们用传统的方式喂养跳蚤，即让跳蚤在自己胳膊上吸血。正如一名跳蚤经纪人后来说的："跳蚤以我为生，我也以跳蚤为生。"

迷你马戏团的魅力是多种多样的，但最迷人的是它带来的奇观。世上竟然有这样的奇迹，人们怎么会不惊奇呢？人们怎么会不佩服这种怪诞表演背后所需的执着与毅力呢？跳蚤马戏团在讽刺时代之前曾风靡一时，如果说我们的钦佩中掺杂着怀疑，也许这只是因为我们希望这些怀疑能够最终被消除。我们熟知的微缩物品的特点在跳蚤马戏团上全部展现出来了：对全局的掌握与控制的欲望，对看似不可能的事物的执着，能带来惊喜的、刻苦钻研的耐心。法国哲学家加斯东·巴什拉（Gaston Bachelard）曾说："我越是擅长缩小世界，就越能更好地掌控它。"但和其他微缩物品不同的是，跳蚤马戏团的尺寸虽然缩小了，但是它的作用并非就到此为止了。马戏团虽小，但它仍旧是马戏团，仍是马戏团的经纪人赚钱谋生的路子。在激烈的竞争面前，宣传就是一切：如果隔壁帐篷里有婆罗洲野人（Wild Man of Borneo）和有三颗心的女士（Woman with Three Hearts）撑场面，那么你帐篷里的跳蚤表现得越像拿破仑或桑丘·潘沙越好。

魔术师、魔术历史学家里基·杰伊（Richy Jay）在他的季刊里指出，跳蚤马戏团之间的竞争一度异常激烈，除了上文提到的跳蚤经纪人，他还发现了基蒂奇曼（Kitichingman）、利肯蒂（Likonti）、乌比尼（Ubini）、君特（Günther）以及恩加拉（Englaca）等多位跳蚤经纪人。跳蚤马戏团的运营者请来推广团队创作别出心裁的故事，希望可以借此让自己的马戏团在竞争中脱颖而出，以在利物浦雷诺德展览会上举办的一场演出为例。马戏团发了一则寻"蚤"启事，愿意出 10 英镑酬金寻回那只让它的朋友日思夜念的跳蚤。这只跳蚤为什么要离开呢？"据说是因为前不久它在尝试'发动机上跳双圈'这个惊险节目时出了意外，受了精神打击，最近又生了病，精神萎靡不振，往日的神采也不见了，还患上了严重的精神抑郁。"如何分辨这只情绪低落的跳蚤和其他跳蚤呢？"大家最后一次见它时，它戴着一个金项圈和一条金链子。冲它喊一声'桑尼·吉姆'，它就会答应。"20 世纪初，另一个推广噱头的构思极为精妙，吸引了人们的注意，人们都非常希望它是真的。它称，威廉·赫克勒在时代广场演出上的一只跳蚤以"了不起的赫尔曼"（The Great Herman）的名字登记入住了华尔道夫酒店。

跳蚤经纪人发现，只有人蚤（*Pulex irritans*）才能完成马戏团的各种表演，因为它们的外形比猫或狗身上的跳蚤更大，智力水平也更高。贝尔托洛托和赫克勒都发表了自己对训蚤术的研究，他们比较了来自不同国家，甚至是敌对国家的跳蚤，发现与西欧羸弱的跳蚤相比，东欧的跳蚤更受欢迎。不过这仍旧只是他们的宣传，不管跳蚤持有哪国的护照，跳蚤就是跳蚤。赫克勒在布置跳蚤马戏团时常常会说："如果这时候有一只小狗走过来，那我的演出就完蛋了。"

那么，话说回来，跳蚤马戏团究竟为什么没落了？如今许多痴迷的研究者对跳蚤拉车这个表演争论不休，他们的出发点大多落在人类学的角度上，而鲜少将其当作一种切实可行的娱乐活动。唉，愿上帝保佑这些衣冠楚楚的学者。大体上来说，迷你跳蚤马戏团走了成人马戏团、传统音乐厅、自由式摔跤的老路。它之所以会走向衰败，或许是因为现代世界的发展：卫生状况改善了，像样的跳蚤表演家明显减少了。另外，最终存活下来的跳蚤又吸引不到足够的观众。虽然让人觉得不可思议，但是愿意花一先令观看跳蚤把马车拖动 4 英尺的观众确实减少了，他们的钱都进了电影院和书店的收银柜。

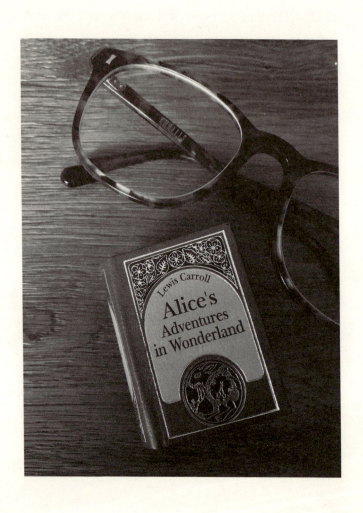

第四章

微型书

2017 年 8 月中旬，在加利福尼亚州奥克兰市中心的万豪酒店里，阿尔诺·克施文德纳博士（Dr Arno Gschwendtner）在一间普通规模的接待室里自豪地推销他口中所说的世界上最小的书。该书长宽均为 0.7 毫米，有 22 页，每页上面都写有文字并配有花朵插图。你若把它放在食指指尖上，它就像落在上面的一粒灰尘一样。

书中的花以及文字看起来都十分相似，人们无法区分看到的究竟是樱花还是李花，但这不是什么大事，你若想看花，大可以去英国皇家园艺学会或摄影大师罗伯特·梅普尔索普（Robert Mapplethorpe）的摄影展。但你若想要阅读这本于 2013 年在东京出版的《四季之花》（*Shiki no Kusabana*），就必须用上配套的小放大镜，它和微型书一起装在有蓝色天鹅绒内衬的珠宝盒里（或者你也可以选择翻阅克施文德纳博士所说的"母本"，它也装在盒子里，长宽都不到 1 英寸）。这套书只生产了 250 套，而且卖得很快。所以，如果你想趁着它绝版前收藏一套，现在正是时候。克施文德纳博士给出的售价是每套 750 美元。

《四季之花》是一本令人惊叹的书。"微型"或者"超小型"已经不足以形容它了，它可以称得上是一本"超微型"书。这本书由总部位于东京的日本出版业巨头凸版印刷株式会社（Toppan Printing Co.）出版。自 1900 年以来，凸版会社就在尖端印刷技术上处于领先地位，而且每隔几十年，它就会突破曾经的极限，印刷出一些过去无法印刷的书籍。为了配合 1965 年纽约世界博览会，他们出版了一本长 4 毫米、宽 4 毫米的《圣经》，声称这是史上最小的《圣经》。几个月后，他们又一次超越自我，出版了日英双语版杜甫《饮中八仙歌》（The Eight Immortals of the Wine Cup），该书长宽均为 3.75 毫米，其中每个字母的高度只有发丝粗细的五分之一。出版社还制作了特别的说明，教读者如何打开装有微型书的小盒子。

但几年后，凸版会社宣布，3.75 毫米在他们看来都太大了。于是，1979 年，他们出版了当时世界上最小的三本书，长宽都是 2 毫米。这三本令人兴奋的书分别是《日历与生辰石》（Calendar and Birth Stone）、《花之语》（Language of Flowers）、《黄道星座及象征符号》（The Zodiacal Signs and *their Symbols*）。后来，随着数字化的发展，这三本书也显得不够小巧了，上文那本 0.7 毫米的花卉书便应运而生了。

　　凸版会社面临的竞争来自一位名叫弗拉基米尔·阿尼斯金（Vladimir Aniskin）的西伯利亚人。他在进入秋明市俄罗斯科学院（Russian Academy of Science）工作前的爱好是在罂粟种子的剖面上绘制各种图案。在阿尼斯金把目光转向文学作品前，他在马毛上描绘过耶稣诞生图，也在一粒米上刻过两千多个字母。2016 年，凸版会社的员工听到了令他们害怕的消息：阿尼斯金制作了两本 0.07 毫米 ×0.09 毫米的微型书。他甚至通过这种方式重新定义了"书"。

　　显然，阿尼斯金的书并不是通俗意义上的书，根本无法拿在手中翻阅。要阅读这种书，只能借助显微镜。他说，在显微镜下，人们可以在第一本书中辨认出一张字母表，还可以在第二本书中看到一篇叫《左撇子》（*Levsha*）的文章。这篇文章记录了其他可以"为跳蚤钉鞋掌"的微雕艺术家的名字，这是微缩领域的一项终极挑战 [这一挑战最初出现在 19 世纪末尼古拉·谢苗诺维奇·列斯克夫（Nikolai Semyonovich Leskov）的寓言《来自图拉的独眼左撇子和铁跳蚤的故事》（*The Tale of Cross-Eyed Lefty from Tula and the Steel Flea*）中。故事讲述的是，一个俄国人为一只英国制造的"发条钢跳蚤"的每只脚都钉上了鞋掌，以此展现自己的技艺。跳蚤因此再也跳不动了。鞋掌的价值我们不得而知，不过此举倒是吸引了尼古拉一世的注意，能达到这样的效果已经很不错了。这则故事似乎是为了向机器时代的手工艺品致敬，所有微型书收藏家都会认同这一观点]。

只是，这究竟和西伯利亚人有什么关系呢？1996年到2012年，在阿尼斯金还未动手做书前，《变色龙》(*Chameleon*)是当时世界上最小的书。全书共30页，每页长0.9毫米、宽0.9毫米，制作者是另一位西伯利亚人安纳托利·伊万诺维奇·科年科 (Anatoly Ivanovich Konenko)。他不仅能为跳蚤钉鞋掌，还有其他绝活：他制作了一只在倒扣的胡桃壳上拉小提琴的蚱蜢，还与儿子斯坦尼斯拉夫·科年科 (Stanislav Konenko) 一起制作了一个养着迷你斑马鱼的玻璃鱼缸，整个鱼缸不过一个巴掌大。生于1954年的科年科凭借自己打造的微缩模型共赢得了36项国际奖项，其中一件获奖作品是一个3.2毫米高的金属摇蚊。这件微雕作品看似普通，但其实大有玄机：摇蚊的口器上有一座微缩的埃菲尔铁塔。

在西伯利亚之前的一个世纪，还有另一个让人意想不到的微型书发源地：英国格里姆斯比。1891年，当时世上最小的书是《螨》(*The Mite*)，出版于英格兰东北部的这个小渔港，书高13/16英寸，共38页，每页有20行，书封选用红色烫金皮革，如果你能看见书上的文字，你会发现，文本的内容简直不可思议：书上不仅记载了印刷术的发明过程、每年用来制作别针的钢材量，还有刚刚开放的埃菲尔铁塔历史简介（现在看来它很显然是遍地高楼的摩登时代的象征）。

小中求小的比拼紧随着活字印刷术的发明而展开。此前，人们追求小是出于特定的原因。抄写员会把经文和赞美诗写在小小的子宫犊皮纸上，宗教人士则会把这些小物件放在身上，传播给信徒。这一份份微缩的《圣经》和《古兰经》是极受欢迎的实用教义，会被信徒当作一种虔诚的象征放在胸口附近。在使用犊皮纸以前，泥版也很流行，现如今发现的最早的泥版是公元前2300年的一份拇指大小的贸易合同。

古登堡之后，携带书籍更加方便了。大约在1500年，奥尔德斯·马努蒂乌斯（Aldus Manutius）开始在威尼斯推广意大利斜体字（从而在更小的空间里写下了更多的字），排字工人和印刷工人开始在细微之处上互相较劲。不久之后，微型书开始有了收藏价值，而且每个图书馆都有了陈列微型书的展览室。微型书的种类包罗万象。尽管一开始是宗教书籍开辟了这条道路，但是到了16世纪末，任何类别的微型文本都很受欢迎。

传统延续了下来。1961年，一位品位不凡的收藏家用他的藏品向我们展示了微型书的类别有多么广泛。实际上，当时微型书的类别已经可以与正常大小的书籍相提并论了。当时已经出现了许多带换算表的年历、古籍、耶稣基督的生活记载以及一些礼仪类的书籍，书目无所不包，不一而足。其中距离我们时代最近的是狄更斯、斯威夫特、弥尔顿的经典作品的微缩版。这些书籍除了在尺寸上都十分迷你之外，还有一个共同点：它们都不受版权限制 [这些微型书的主人是一位名叫珀西·施皮尔曼（Percy Spielmann）的工程师，他是世界级的道路专家之一]。

人们仍能以合理的价格买到很多微型书。实际上，和所有值得收藏的艺术品相比，微型书的要价或许是最低的。2017 年 8 月，在旧金山 PBA 拍卖行举办的一场拍卖会上，被拍卖的微型书有 1773 年在巴黎出版的西塞罗著作、1812 年在巴尔的摩出版的《最受欢迎的英文煽情曲》（*The Most Approved Sentimental English Songs*）、1916 年在马萨诸塞州出版的《鲁拜集》（*The Rubáiyát of Omar Khayyám*），以及 1930 年在田纳西州出版的《卡尔文·柯立芝自传摘录》（*Extracts from the Autobiography of Calvin Coolidge*）。这些藏书的成交价从 150 美元到 850 美元不等。除此之外，拍卖场上还有更物美价廉的宝贝，如《莎士比亚戏剧全集》。这一整套书共包含从 1930 年起的 40 卷戏剧，每卷不过 2 英寸高，填满了三层迷你书架。而这一整套微型书的价格不过 120 美元。现代的微型书更是优惠，其中就有达拉斯 Somesuch 出版社 [尼曼百货公司（Neiman Marcus）前总裁、已故的斯坦利·马库斯（Stanley Marcus）曾担任该出版社的社长]

出版的 15 本微型书。

你可能会对像微型书这样的藏品存在一些疑问。第一个问题可能是，制作微型书除了是种挑战外，还有什么其他的意义吗？你可能还会问从本质上看，这些微型书是不是很愚蠢？

为了回答这些问题，我做了两件事。首先，我自费 55 美元加入了微型书协会（协会里有来自 25 个国家的约 300 位会员）。另外，我还参加了在加利福尼亚州奥克兰万豪酒店举行的微型书协会 2017 年年度夏季大会，在这个大会上，我首次接触到了阿尔诺·克施文德纳博士制作的微型书。

克施文德纳博士，四十三岁，高个子，棕色鬈发，戴着一副列侬圆框眼镜。他带着一大批微型书从瑞士来到奥克兰，几乎每本书都小得可以塞进埃曼塔奶酪的气孔里。除了制作世界上最小的书以外，他还制作了世界上最"大"的一套书：夏洛克·福尔摩斯全集，共 60 卷，由莱比锡的微型书出版社（Miniaturbuchverlag）出版，其中半套陈列在克施文德纳博士身旁铺着黑色衬垫的桌子上，每卷的尺寸都是 53 毫米 ×38 毫米，不用放大镜就能阅读，每卷仅售 20 美元。同时，他也准备了爱伦·坡、奥斯卡·王尔德的作品，（当然）还有分成四册的《格列佛游记》。还有很多旧书，比如 3 英寸 ×2 英寸的《鞭笞在医学与性交中的应用探究》（De

Flagrorum Usu in Re Veneria）。克施文德纳博士称它为"约翰·海因里希·迈博姆（Johann Heinrich Meibom）在该领域著名论述的罕见微缩版"。尽管迈博姆博士的版本在 1757 年才得以于巴黎出版，但其实这篇论文首先是在荷兰莱顿出版的，然后就令人欣慰地"裹在色彩斑驳的小牛皮里"。

克施文德纳博士小时候家里没有电视，所以他一直靠阅读消磨时间。他的医生生涯只持续了大约五年时间，在那之前，他当过服务员和 DJ。他工作不过是为了挣钱满足自己的爱好。他对我说："我用了大约十年时间学习有关微型书的一切，你怎么问都问不倒我。"于是我问了问他最小的书，就是那本花卉之书的事。他还解释说，凸版会社并不支持线上销售，所以他专程飞往东京买了几本。"简直太疯狂了！"他说道。

和大部分研究微型书的学者一样，克施文德纳博士也成了一位微型印刷字体领域的专家。例如，他制作的《拉封丹寓言》（巴黎，1850）是用洛朗和德贝尔尼（Laurent et Deberny）铸字厂的 2.5 磅 Diamant 字体印刷的，这样的尺寸大约只有肉眼可见物体的四分之一，"比威廉·皮克林（William Pickering）使用的 English Diamond 字体小得多"。三十年前，出版商威廉·皮克林曾要求伦敦印刷厂商查尔斯·卡罗尔（Charles Corrall）用 Diamond 字体（当时著名的 Caslon 字体的变体）印刷一系列微型书，当时这还是最小的字体，仅有 4.5 磅。但三十年之后，用金属铸造的字体变得更小了。研究认为，1878 年但丁《神曲》的印刷字体尺寸达到了 2 磅，这个字体非常小，人们甚至给它取了个昵称"蝇眼体"（Fly's Eyes）。根据纽约格罗利尔俱乐部（Grolier Club）图书馆对 1911 年微型书的记载，蝇眼体"会损伤排字工人和校对员的视力"。当然，一个世纪后，所有微型文本都向数字时代低了头。1985 年，斯坦福大学的纳米技术专家把《双城记》的开篇完整地刻在了一根大头针的针帽上，把平常 10 磅大小的字体缩至它的 2.5 万分之一。（那是最好的 Times New Roman 字体，那是最糟的 Times New Roman 字体。[1]）

奥克兰的微型书协会大会自诩秘密会议，让人联想到新教皇选举会议的神秘感和与外界隔离的静谧感。我参加的这场大会是第三十五届，之前几届在都柏林、渥太华和新奥尔良举办。首届会议是在 1983 年闷热的九月天里俄亥俄州蒂普城的一个农场里举行的，当时有 61 人参加了会议。大会的目的是把特殊的图书收集癖、微型书籍的阅读体验以及愉悦的收集过程结合起来，让志同道合的微型书爱好者们相信，痴迷于微型书并不是一种完全没有意义或特立独行的爱好。

1　原文仿写了《双城记》开篇第一句话"It was the best of times, it was the worst of times"（那是最美好的时代，那是最糟糕的时代。——宋兆霖译）。

在首届大会上，人们普遍认可微型书的标准尺寸应该在 3 英寸以下，4 英寸的书本通常也可以接受，但是 5 英寸就显大了，6 英寸就几乎是平装书的尺寸了。

尽管我仍有一些疑虑，但是会场上的氛围可以说是欢快愉悦的，参会者可以借此机会踏上他人走过的旅途，欣赏加州图书俱乐部、旧金山公共图书馆以及几间微雕工作室的微型书作品。与会人员的年纪都不小，参会者也意识到要鼓励年轻人多多参加还需要他们做更多的工作。但目前存在的一个问题是，现在的年轻人已经拥有了专属的 3 英寸大的阅读工具——手机。

大会的来宾还有来自苏格兰、荷兰和美国多个州市的经销商。会场上的微型书种类繁多，有介绍鸡尾酒及其制作方法的书（1914）、关于钓鱼的书（1825）、艾米莉·狄金森的诗歌（1997）、不同版本的莎士比亚全集。令我特别感兴趣的一本微型书是罗伯特·M.沃格尔（Robert M.Vogel）的《埃菲尔铁塔电梯系统》（*Elevator Systems of the Eiffel Tower*）。该书由 Plum Park 出版社出版，长 3 英寸，宽 2 英寸，售价 45 美元。另外，在会场上，花 150 美元就能买到一本长 2.5 英寸、宽 2 英寸的全插图版《澳大利亚特色信箱》（*Australian Quirky Letter Boxes*），这样的好买卖谁不想要呢？一番斟酌之后，我用 25 美元买了一本手工微型书，书名是《微型图书出版商签名集》（*Autographs of Miniature Book Publishers*），1983 年由艾奥瓦州牛顿市塔马孙查来出版社（Tamazunchale Press）出版。书中收集了参加首届大会的全体出版商的签名，还提到了当时正在蓬勃发展的百强家庭手工业。其中两个签名是安妮·布勒默（Anne Bromer）和朱利安·爱迪生（Julian Edison），也就是后来《微型书：微型宝藏的四千年》（*Miniature Books: 4,000 Years of Tiny Treasures*）一书的作者。她们将自己的爱好用绘画记录成册，卖给其他人每人至少一本书。她们视为宝藏的微型书中有一本名叫《索菲专辑》（*Sophy's Album*）。这本144页的手稿不过2英寸高，书里记载了一位名叫索菲·霍斯利（Sophy Horsley）的英国女孩从少女时期（19世纪30年代）至1862年收集到的签名、素描和乐谱。菲利克斯·门德尔松是索菲一家的好友，索菲从他那里得到了许多帮助，收集到了勃拉姆斯、李斯特、帕格尼尼、肖邦的简谱，还从狄更斯和爱德温·兰西尔爵士（Sir Edwin Landseer）那里得到了额外的收获。安妮·布勒默和朱利安·爱迪生强调有一本微型书还曾随着巴兹·奥尔德林（Buzz Aldrin）乘坐阿波罗11号登上了月球，这本书就是液体火箭先驱罗伯特·哈钦斯·戈达德（Robert Hutchings Goddard）的自传。

　　奥克兰这场大会的参会者不仅关注书本内容，还关注艺术造型和纸雕工艺。会场上有许多装在胡桃壳里的书，还有许多立体插图版的儿童读物。多萝西·尤尔（Dorothy Yule）女士和她的双胞胎姐妹苏珊是本次大会的主办方，她展示了一本极为精巧的多褶立体微型书，这也是她为丈夫七十五周岁生日准备的礼物。她挑选了丈夫从出生到现在每年里的一张照片做成了这本立体书[她的丈夫是设计师吉姆·帕金森（Jim Parkinson），他创造了许多反主流文化的设计，其中就包括《滚石》（Rolling Stone）杂志的刊头标志]。尤尔女士展示的另一本立体书是一本自传，书中描绘了她年轻时身为科学家的生活经历。她用几个弹出式的立体插图生动地展现了几场物理、化学和生物学实验，这是我见过的最有趣的东西了。尤尔的作品让我开始重新思考微型书的价值。微型书不仅缩小了书的体积，若是能够做到极致，它还能体现出对排版、印刷、装订技术的尊重，并且把读者带领到一块宝贵的领域。用科幻作家和微型书收藏家雷·布拉德伯里（Ray Bradbury）的话说，一本好的微型书能够"用奇迹填满你的视野"。

　　大会的高潮是在酒店景观宴客厅举行的晚宴，微型的晚宴菜单上写着一道名叫"神秘布丁"的甜品（其实就是法式焦糖布丁）。端上这道甜品的同时，主办方会颁发年度最佳手工微型书籍奖以及年度杰出贡献奖。坐在我旁边的是卡罗琳·勃兰特（Caroline Brandt）。她说自己从小就对微型书着迷，看样子，现在年过八旬的她应是对微型书无所不知了。她告诉我，从 1983 年首届大会开办以来，她从没缺席过。前一阵，她几乎把自己的所有藏书（共 1.2 万册，几乎都在 3 英寸以下）都捐赠给了离家不远的阿尔伯特和雪莉小型特别藏品图书馆

（Albert and Shirley Small Special Collections Library）。她还跟我聊起几位著名的微型书收藏家，如玛丽·斯图尔特、欧仁妮皇后、富兰克林·德拉诺·罗斯福。不过有一个陌生的名字：路易斯·W.邦迪（Louis W. Bondy）。她说邦迪在1993年去世之前一直在伦敦销售微型书，是一位伟大的微型学学者。她回忆起他最喜欢的一句话："我的书虽小，但我的爱博大。"

勃兰特自己也制作过一本微型书，书名是《积少成多》（*Many Littles Make a Much*）。书中记载了她见过面的几位微型书爱好者的故事，其中一位是个男士，名叫阿奇利·J.圣翁奇（Achille J. St. Onge）。从勃兰特有些模糊的记载中可知，阿奇利于1913年出生在加拿大或美国，他的父亲和四任妻子生了几个孩子。他从小在孤儿院长大，单眼弱视，后来不知不觉地就进了出版业。1935年，他出版了自己的第一本微型书，不久之后开始专攻有关亚伯拉罕·林肯的微型书（他还出版了巴兹·奥尔德林登上月球时带去的那本书）。他一生共出版了46本微型书，它们都受到了微型书界的普遍赞誉。最后一本是《马太福音》里的《山上宝训》（*Sermon on the Mount*），他委托伦敦的桑奥斯克＆萨特克利夫装订公司（Sangorski & Sutcliffe）为它进行特殊的装帧。全书的制作过程共计花费四年时间，在他逝世两天之后，书才送到他的家中。勃兰特说："微型书永远不会让人失望，微型书永远都会给你带来惊喜。"

"比真正的战争好多了"：1913 年，玩微型战争（Little Wars）游戏的 H.G. 威尔斯（H.G. Wells，左前）与友人。

1911 年的小故事：
英国游戏室

1911 年，科幻小说鼻祖 H.G. 威尔斯出版了一本小书，解释他如何以及为何把大量闲暇时间用在跪地乱跑上。书的开篇是他对如何选择最佳地板的思考："地板必须铺上油毡或软木地毯，这样玩具士兵之类的玩具才能站立住。另外，地板的颜色和表面必须能够显示出粉笔的痕迹。"书中还有进一步的指导："地上的公路不能通向其他的房间。"

《地板游戏》(*Floor Games*) 是为希望得到严肃对待的儿童以及觉得童年悄然溜走的成年人写就的游戏攻略。这本84 页的绘本是人们在世界崩坏前的无忧岁月里，对谋略游戏的渴望。那时的人们渴望玩一种需要从长计议或者动用战术的游戏，就像是电脑游戏，也像是战场谋略。书中的游戏道具包括城镇建筑和防御堡垒，游戏不仅是为了让孩子们消磨时光，更是为了帮助他们在成年后建立起一个"广博且充满想象的思维框架"。威尔斯希望书里的游戏能够为后来从政的孩子们在童年时期就打好基础。"大英帝国的未来将从儿童游戏室的地板游戏上获得新的力量。"（相传，正是抱着这种心态，威灵顿公爵在打败拿破仑后才会说，滑铁卢的胜利只不过是伊顿公学操场上的胜利。）在这一点上，威尔斯没有愚弄任何人，因为这些游戏主要是为他自己设计的，但若读者想体验一把，对他们来说也是一桩好事。

他极力推荐的一款地板游戏叫《奇妙岛屿》（*The Game of the Wonderful Islands*）。这是一款海岛冒险活动，地板是海，海上有四座岛屿，岛屿上居住着士兵、农畜、骆驼、带着长矛的原住民以及各种象征着压抑帝国历史和美好英国未来的小旧物。威尔斯（有时还有他的两个孩子）会操纵岛上的士兵带着枪支登上船只，沿着各个岛屿征服岛上的居民，他们就这样开疆扩土或割让领地，一直玩到天黑。岛上偶尔会出现火情，岛民会为了活命而同类相食。那时还不兴讽刺，大英帝国还未对自己的征服欲感到羞愧，作者在书中认真地解释"我们如何占领岛屿并改变岛上的事物，如何建设并重整土地，如何将纸旗挂在别针上，如何征服岛上的原住民，如何把文明带给这片土地"。

最重要的是，威尔斯既有一种控制欲，也有一种对改良的探索欲。他一直好奇温和的改良方式究竟能带来多大的改良效果。从他笔下的科幻作品中我们就能察觉到这些欲望。比如在《星际战争》(*The War of the Worlds*，1898年)中强大的入侵者，它们高高在上，凌驾于猎物之上。再如，在半自传体小说《新马基雅弗利》(*The New Machiavelli*，1911年)中，主人公雷明顿梦想重塑英国的社会和政治，他有一种掌控世界的欲望和冲动，就好像儿时在游戏室里经营着一个"地板帝国"那样。在他的游戏室里，油毡上铺设着小镇和村庄，周围是"心中假想的航道和开阔的海域"。在微型的幻想场所中，一切都是可能的，一切都是可以接受的，如果现实世界的未来让人失望的话，那就太遗憾了。

从政治角度来看，正如威尔斯在他的文章中所表达的，他透彻地思考了如何统治社会这个问题。他对理想社会的构建颇有远见，也明白普通城市该如何向模范城市转型，他希望通过培养完美的人来塑造完美的世界，因此他推崇优生学。比如，他就认为近亲婚配或许能够养育出"理想的人种"。当然，小说的本质就是作者自身的创造，作者的意识形态支配着整部作品的叙述以及角色。在出版《地板游戏》前一年，威尔斯出版了《当睡者醒来时》(*The Sleeper Awakes*)，该书将这一点融入故事：主人公沉睡了几个世纪后醒来，发现自己不仅富甲一方，还摇身一变成了新伦敦的统治者。他先是坐上热气球，然后又登上飞机，俯瞰脚下渺小的市民。但他没办法改善他们窘迫的生活，决定他们命运的还是小说作者。许多年后，威尔斯在他的最后一部著名小说《未来互联网纾》（*The Shape of Things to Come*，1933 年）中，预测到了即将爆发的第二次世界大战。在该书中，空战给世界各大城市带来了破坏性的损害，拥有最强空军的国家建立起独裁政权。旧秩序在这种环境下必然被推翻，从而为打造新的乌托邦让路。该书出版正值全球经济萧条阴影笼罩以及纳粹德国崛起之时，这种乐观主义被深深压在严峻的现实之下。而上帝这位神圣的造物者正像小说作者一样俯视着颤抖的地球。

再回到游戏世界，诸如木板等威尔斯在玩游戏和搭建城镇的过程中用到的道具也反映了他的非凡之处。这些道具不是平常在普通的玩具店就能买到的。"事实上，我们不需要玩具店。"他在肯特郡郊区家里的游戏室中写道。（他笔下的"我们"主要指的还是"我"，因为在这本书出版时，他的两个孩子一个八岁，另一个十岁。如果他们对玩具店抱有任何不满的话，那只可能是抱怨玩具店没能开在他们家隔壁。）威尔斯继续写道："我们觉得玩具店扼杀了许多可能性，那些现成的道具既昂贵又没用。"威尔斯对玩具店里出售的砖块尤其不齿，"我们看到富人从豪车里走出来，带着贪婪的梦想走进玩具店，买了这些不起眼的、丑陋的、可笑的砖坯。这是因为他们不知道自己要什么，而玩具店只是青春和幸福的敌人，无情又唯利是图……"要是读者对现实中居住的房屋有什么怨言，这些不满也可以归咎于玩具店以及店里的砖块，因为"你看到了玩这些玩具的后果是什么……是人们在伦敦粗制滥造的那些别墅和愚蠢的郊区环境。"

《地板游戏》付梓时，威尔斯已经赫赫有名了，《时间机器》(*The Time Machine*)、《莫洛博士岛》(*The Island of Doctor Moreau*)、《隐形人》(*The Invisible Man*)、《星际战争》的成功也为他打造了一个创作平台，他可以选择任何题材进行创作，因此，他选择在出版《地板游戏》之后紧接着又出版了另一本书：《微型战争》(*Little Wars*)。这本书同样着重介绍了木板、砖块、玩具士兵以及贴有墙纸的建筑模型，但是这一次，威尔斯还附上了自己在客厅和草地上玩书中游戏的照片。在其中一张照片上出镜的有威尔斯和杰罗姆·K.杰罗姆 (Jerome K. Jerome)。杰罗姆也十分享受用弹簧枪击倒 2 英寸高的祖鲁人的过程。照片里的威尔斯头戴平顶硬草帽，身着夹克和白色法兰绒裤，看着像一个块头大但又尚未发育完全的伊顿公学学生。威尔斯也正是凭借这本书赢得了"沙盘战争游戏之父"的称号。

威尔斯和他的锡兵玩具一起拍的这张照片推动了沙盘游戏的发展。每张在前厅里铺着衬垫的游戏桌都归功于威尔斯；每个在一大早就到会展中心挥汗如雨地搭建战场沙盘，然后又在其他玩家的催促下摧毁沙盘的玩家，都应该感谢威尔斯的创造。威尔斯那反响强烈的描述甚至间接影响到了后来价值数十亿美元的 DVD 和网络游戏产业。

威尔斯称他的创意都是自己原创的。他认为，早在人类和军队存在之初，人类心中就存在一种本能的欲望，想要推倒他人的玩具军队。他说，微型战争这种游戏在史前或者古代就已存在，他自己就看到过发生在拿破仑和滑铁卢时期的实例。威尔斯还提到了"西洋军象棋"（也叫克里斯皮尔棋），这是一种影响深远的战棋游戏，是 19 世纪由普鲁士军队和德国军队发明的，游戏双方在网格棋盘上指挥操纵自己的军队，指挥官根据骰子的点数以及自己的巧思，结合对手的战术调动军队。步兵的尺寸都不大，也因此被视为一次性道具。

　　《微型战争》出版于 1913 年，但起初，当时脆弱的世界似乎根本没有影响到作者的思考。威尔斯在结尾才谈到了从征服迷你玩具上获得的乐趣与真实的战火威胁之间的联系。"这个可爱的沙盘比真正的战争好多了！"他写道。他喜欢的草坪游戏是受他掌控的、短暂的，能带来预想中的乐趣。游戏通常以品尝台布上的家庭下午茶或者罐头肉点心结尾。威尔斯认为，战争游戏不只是把世界大战缩小了，还要凭借其微缩的尺寸及可控的特点警示我们世界大战的真实威力。他说："除了个别头脑简单四肢发达的无聊人外，世界各国的人们都不希望小孩子玩的盒装铅锡士兵变为现实，所有人都想通过其他更好的方式来看看这个世界的刚毅之气。"他坚持认为，自己在书中对战争游戏的描述绝不应该被视作对野蛮暴力的认可，地毯式轰炸只能留在地毯上。为此，最后他提出了一条乔纳森·斯威夫特式的建议，呼吁读者反对战争：让模拟现实的游戏把现实带到游戏中去吧。"让我们把野心勃勃的君主、散布谣言的蠢蛋、亢奋激动的'爱国者'、冒险家、世界政策的践行者都放入一个巨大的战争圣殿，在地板上铺满软木地毯，栽上大批的树木，建起大量的小房子、城镇、堡垒，放上数不胜数的玩具士兵，供他们肆意摧毁。就让他们在里面自相残杀，远离我们的生活吧。"

这当然是痴心妄想。不过一年时间，"一战"就爆发了，战机在空中随处可见。如果人们回到过去，走在1916年伦敦市中心的街道上，就会发现，遭到空袭的私人住宅与玩偶屋并无二致，临街一侧被炸毁了，室内的陈设一览无遗。

大英帝国最顶尖的技艺：1924 年，埃德温·鲁琴斯的客厅里
正被装箱打包的玛丽王后玩偶屋。

第五章

理想家园

参观温莎城堡玛丽王后玩偶屋的游客可能会被玩偶屋的各个方面迷住。首先是玩偶屋的尺寸：它高5英尺、宽8英尺5英寸。其次是它的建筑意义：它是埃德温·鲁琴斯爵士20世纪20年代早期的作品，可能也是他最独特的作品。人们评价鲁琴斯时，总指责他在模型上花费了过多的时间，忽略了英波石油公司（Persian Oil Company）总部大厦的建造。还有一处吸引人的地方是，雷恩风格的建筑外观被整体向上抬升，展现出了玩偶屋内的乾坤：内部是好几间精心布置的微型房间，里面有数百件微型画真迹和微型古董以及700本可以翻阅的微型书。玩偶屋里包括电力、水管和电梯在内的一切设备几乎都可以正常使用，唯一不能正常使用的是电话。

但谁会住在屋子里接电话呢？玩偶屋里的一切都让人震撼，但最让人们震惊的一点是屋子里竟一个人偶都没有。这个玩偶屋从来就不是为了玩耍而设计的，因为它实在是太珍贵了。相反，它是一种象征，是英国在经过战争摧残后所能呈现出来的最美好的一切。它展现了匠人们高超的工艺水平，激励着每位缔造者用尽自己毕生所学去完成这项御赐的使命。人们可以很认真地说，无论是在微型作品还是在其他作品中，都找不到可以和这座玩偶屋相媲美的作品。

在"一战"以前，欧洲和俄国皇室玩偶屋的作用都是固定的。玩偶屋主可以用玩偶屋展示自己的藏品，还可以借此炫耀自己的财富。如果你想成为室内装饰师，玩偶屋同样可以帮助你大展身手。但是玛丽王后没有止步于此，纯粹的完美主义已不足以形容她，她的玩偶屋可称得上是贪婪的成果。玩偶屋里不仅装着玛丽王后已有的东西，以及她曾经希望拥有的物品，还装着大量她意想不到的物品。

建造这个玩偶屋是玛丽·路易斯公主的主意。她是乔治五世的表妹，也是乔治五世之妻玛丽王后儿时的伙伴。她知道玛丽王后素来痴迷收藏迷你瓷碟、玻璃雕像以及其他小东西，她也深知玛丽王后喜欢把别人的东西占为己有，因为玛丽王后在拜访朋友或者参观公共场所时，常常会表达出自己对某样物品的喜爱之情，（也许是通过随从）暗示对方若不把东西交给她，可能就会有被砍头的危险。所以，朋友们只要知道她要前来做客，就都会把自己最珍贵的宝贝藏起来。1921 年春，玛丽·路易丝公主想，能否请她的朋友鲁琴斯为玛丽王后做点特别的东西呢？鲁琴斯欣然答应了，他将这项任务视为一个一举两得的好机会，既可以娱乐又可以赚钱（冒出这个想法时，他还在印度新德里，为当地进行城市规划。他最受推崇的作品是白厅的战争纪念碑）。接受了委托之后，鲁琴斯立刻声势浩大地着手行动了，并将其称为最宏伟的项目。竣工时，共计有 1500 人参与了玩偶屋的建造。他在萨沃伊酒店定期举办"多利路亚晚宴"（Dollelujah dinner），并在席上讨论项目的分工以及承包费用，最后选中了 700 位艺术家以及 500 位希望能和玩偶屋项目产生联系的赞助商，或许他们希望借此收获荣誉。

鲁琴斯根本不用愁找不到帮手。乔治·弗兰普顿爵士（Sir George Frampton），即后来肯辛顿花园彼得·潘雕像的创作者，答应制作外墙以及纹章；钟表制造商卡地亚答应制作一款以 17 世纪制表匠托马斯·汤姆皮恩（Thomas Tompion）的经典作品为原型的落地钟，而且还保证它能正常使用；詹姆斯·普尔迪父子公司（James Purdey & Sons Ltd）答应制作运动步枪；哈迪兄弟公司（Hardy Bros.Ltd）制作了三节仿竹三文鱼飞蝇钓竿；约翰·威斯登公司（John Wisden and Co. Ltd）制作了柳木板球拍；HMV 唱片公司费尽周折之后成功制成了一台完全可以使用的迷你发条留声机。玩偶屋里的物件融合了皇家历史的沉淀（如走廊上的盔甲以及多位前朝君主的画像）以及常见的家具设施 [如 J. 博尔丁父子公司

（J. Bolding & Sons）的木质坐厕椅以及王后卧室里的 Chubb 保险柜]。

当时在技术和文化领域最了不起的艺术家都被召集起来打造一些空前绝后的作品，要是有人没能立即收到邀请，他们甚至会特意为此走后门。这座微型玩偶屋汲取了皇家学院、伦敦图书馆、哈罗德百货以及其他行业翘楚的精华，以 1∶12 的比例构建了一个奢华的乌托邦。而上述内容仅能满足卧室和公共空间的建造需求而已。玩偶屋的其他部分还需要别的技术，比如游戏室（迷你铁道模型、迷你铅兵）、厨房 [橡木桌上的金制铜锅、弗兰克·库珀牌（Frank Cooper）柑橘酱以及牛头牌芥末酱]、食品柜 [小罐装的奇弗斯（Chivers）草莓果酱、朗特里（Rowntree）口香糖] 以及酒窖 [两百多瓶蜡封的贝瑞兄弟（Berry Bros.）红酒、吉尔比（Gilbey）杜松子酒以及路易侯德香槟]。在上层的仆人房里，弹簧床垫下方摆着便盆，炉子里生着火。楼下人字斜纹车道上停着一辆隆隆低鸣的劳斯莱斯银鬼。

那么，为什么不建个花园呢？当然少不了花园啦。玩偶屋的花园由葛楚德·杰克尔（Gertrude Jekyll）设计。她拿起迷你锄头建造这片迷你花园时，年事已高，眼睛都快看不清了。少不了的还有图书馆里能转动的迷你地球仪、木质马桶旁的卫生纸、水槽旁的 Vim 牌洗洁精以及传统的垂直推拉窗。那么，还有什么理由不在劳斯莱斯银鬼的车门里放上一瓶镀银的扁瓶威士忌呢？

写到这里，读者们应当不会对塞得满满的储藏室和被服室感到吃惊了。[作家露辛达·兰布顿（Lucinda Lambton）说，被服室里有锦缎、棉布、法兰绒和羊毛。从仆人房的毛巾到王室成员卧室的枕套，所有织物上都有精致的花押字，"人们不禁赞叹，这些织物只能是仙女的手艺"。但其实它们都出自一位独居的爱尔兰法国混血女裁缝之手，这些织品是她花了1500个小时精心织成的。] 不过，玩偶屋里最壮观的当数图书馆。图书馆令人印象最深刻的一点是，书架上的绝大多数书只有书脊可见。玩偶屋图书馆里的馆藏图书有插图版的鲁德亚德·吉卜林（Rudyard Kipling）诗歌《如果》（*If*）、斯坦利·吉本斯（Stanley Gibbons）公司最新出版的集邮册、古斯塔夫·霍尔斯特（Gustav Holst）的一小段乐章。原先你大概以为这个图书馆和普通的图书馆一样，可供游客随意翻开书本阅读，但是在这个图书馆里，你或许不该这样痴心妄想，这些作品只有玛丽王后玩偶屋的主人才可以翻阅，而这个人就是当时的王后本人。

其中一本微型书是迷你的夏洛克·福尔摩斯探案故事（24页），这是柯南道尔爵士专门为图书馆写的《华生学手艺》（*How Watson Learned the Trick*）。但是王后更喜欢的可能是罗伯特·格雷夫斯（Robert Graves）的作品，他捐了五首自己写的新诗给图书馆，托马斯·哈代（Thomas Hardy）比他多捐了两首诗。她也有可能更喜欢伊迪丝·华顿（Edith Wharton）、A.E. 豪斯曼（A.E. Housman）、阿道司·赫胥黎（Aldous Huxley）和西格里夫·萨松（Siegfried Sassoon）的诗歌。《小熊维尼》的插画师欧内斯特·谢泼德（Ernest Shepard）为每本书设计了专属的藏书票，他在藏书票上标上了玛丽王后（Mary Regina）的英文首字母 M.R.，并在下方画上了温莎城堡的图案。图书馆里的微型艺术品出自众多艺术家之手，比如保罗·纳什（Paul Nash）、劳拉·奈特（Laura Knight）、H.M. 巴特曼（H. M. Bateman）、阿瑟·拉克姆（Arthur Rackham）、W. 希思·罗宾逊（W. Heath Robinson）、威廉·尼克尔森（William Nicholson）、海伦·阿灵厄姆（Helen Allingham）、埃德蒙·迪拉克（Edmund Dulac）、乔治·吉尔伯特·斯科特（George Gilbert Scott）、克里斯托弗·理查德·温·内文森（Christopher Richard Wynne Nevinson）以及马克·格特勒（Mark Gertler）。还有大约 700 幅画被放进了专门的图书馆柜，因为墙上已经没有它们的容身之地了。

不过，也有一些人拒绝加入这场狂欢，弗吉尼亚·伍尔夫和乔治·萧伯纳就婉拒了皇室的邀请。埃尔加（Elgar）甚至没有丝毫歉意。诗人西格里夫·萨松在日记里回忆起埃尔加对建造玩偶屋的看法：

国王和王后根本不懂得欣赏艺术作品，我们对此都心知肚明。他们从未想过问我要一份完整的第二交响曲曲谱放到温莎城堡的图书馆里展示……但他们竟然要我为王后的玩偶屋贡献曲谱！……我觉得对于被要求加入这场胡闹项目的艺术家来说，这是一种侮辱。

玩偶屋确实有些荒唐和虚幻，但却不是胡闹。不过，我又转念想到，鲁琴斯和他的助手大概也厌倦了这些微缩物品的细节。或许，他们会开始好奇究竟有没有无法被缩小得很逼真的东西，或者说有没有虽然可以被缩小得很逼真，却无法吸引娱乐后人的东西。

从小镇的停车场出来往山上走，经过马上诺比萨餐厅（Pizza Express）、软糖店门口分发试吃糖果的店员，就走到了温莎城堡，边上是清一色穿着制服的导游。城堡的门票价格不到 30 英镑，游客售票处排起了长龙，不过城堡里面还有一条更长的队伍，它通向玛丽王后玩偶屋。玩偶屋位于城堡里一栋相对较新的建筑内，也就是说，这栋新建筑是在 16 世纪亨利八世时期建造的（而老城堡的历史可以追溯到诺曼征服时期）。

自 1924 年起，玩偶屋就向公众开放了。首先是在温布利的大英帝国展览会（British Empire Exhibition）展出了七个月，然后又在理想家居展（Ideal Home Exhibition）展出了几个月，（除了 20 世纪 70 年代中期在维多利亚和阿尔伯特博物馆和科学博物馆修复过一段时间以外）此后一直在温莎城堡展出。这座小屋子建成时，玛丽王后为鲁琴斯送去了一份谢礼：一封感谢信以及一张签名照。

如今，这座玩偶屋装在一个高高的钢化玻璃罩子里，就像汉尼拔·莱克特（Hannibal Lecter）被囚禁在玻璃墙里一样。我到温莎城堡实地参观过一次，不过当时安保人员并没有给予我足够的时间细细欣赏，而是不断地催促我和其他游客不要逗留，沿着屋子走一圈就赶紧离开，因为外面排队的人还有很多，而且人数还在不断增加。这感觉就像我们无意之间经过了一个犯罪现场，然后被告知没什么可看的，赶紧离开。保安确实吼了一句，其实他应该小点声，但是他的声音却像惊雷："你要他们往前走，可他们听吗？"

尽管如今要隔着玻璃、忍着安保人员的催促欣赏玩偶屋，但参观的喜悦并没有因此而减少。玩偶屋的四面外墙都被悬挂在它的上方，和传统的单面玩偶屋不同的是，人们可以全方位观看模型的构造。玩偶屋内外的光照稳定在不变的暮色时分。对于孩子们而言，快到睡觉时间了，所以玩具基本都被收起来了，但是对于成年人来说，现在正是喝鸡尾酒和梳妆打扮的好时光，所以酒桌都摆放妥当了，空气里弥漫着一种期待。近一个世纪过去了，玩偶屋不但没有过时，反倒显得更加别出心裁了。不需要任何独特的品位，也不需要学习任何评价方式，人们就能够欣赏这座玩偶屋。人们只需做好迎接惊喜的准备就好了。"女仆的衣橱里竟然有一个带插头的胡佛吸尘器，而且集尘袋还是半满的！车库里的壳牌（Shell）加油泵竟然连着橡胶管！"每处细节都做到了极致，这些按照 1∶12 的比例缩小的逼真细节展现出了当时大英帝国最为顶尖的技艺。只不过当时玩偶屋的缔造者们根本想不到，英国马上就要走向衰落了。

年龄在四到十岁的孩子，尤其是女孩子，在参观了玛丽王后的玩偶屋之后，几乎都会吵着要一个属于自己的玩偶屋。散文家 A.C. 本森（A. C. Benson）就是这么认为的，而且他还说，即使是家境极为优渥的小女孩也很难买到一个在尺寸或制作上可以与之媲美的玩偶屋，虽然这听起来有些奇怪，不过也确实如此。但是有一位名叫纳西萨·尼布莱克·索恩（Narcissa Niblack Thorne）的女士，按照自己的喜好，打造了一个类似的玩偶屋。她从杂志上看到了玛丽王后收到的这份大礼后，于 1932 年开始搭建这个可与之相提并论的奇观：这是一套有着 68 个独立迷你房间的微缩建筑，追溯到欧洲和美国历史上的家居风格，涵盖了从 13 世纪的法国哥特式风格到 20 世纪 40 年代的加州现代风格等各种家居设计风格。模型比例大致上也是我们熟悉的 1∶12，只不过这些模型展现的是室内装饰的演变过程，从这个角度来看，这些模型又是独树一帜的。

　　1882 年，纳西萨·尼布莱克·索恩出生于美国印第安纳州，她的父亲是位受人尊敬的商人，游历过许多地方。1900 年前后，她搬到了芝加哥，那会儿她就几乎游遍了欧洲与美洲。十九岁那年，她嫁给了零售富商之子詹姆斯·沃德·索恩（James Ward Thorne），这场婚姻使她的财富和社会关系更上了一层楼，从此，她成了一位慷慨的艺术展主持人以及艺术赞助人。她自小就喜欢收集各类迷你物品，如微缩画、迷你家具以及其他各种迷你家用物品。但到了 20 世纪 20 年代，她的爱好发生了转变，她开始痴迷于在博物馆里看到的复古展厅，希望能利用自己的藏品和托他人制作的作品，打造一个引人瞩目的迷你房间展。这个小小的想法很快就在她心中生根发芽，原本她只是想随意地制作一批复古的迷你家具，却没想到这成了她坚持奉献的事业。她下定决心要用一种包罗万象且细致准确的模型描绘私人家装的发展史，或者至少是上流社会家装的发展史。据她的儿子回忆，她的工作室里一度有 30 个处于不同制作阶段的模型房间，参与制作的还有嵌线和地面方面的专家。1932 年，她的第一个模型房间在芝加哥历史协会（Chicago Historical Society）展出，展览一经开放就吸引了大批游客前来排队参观，而且自此之后，来这里的游客便络绎不绝。

　　现在，纳西萨·尼布莱克·索恩的作品就陈列在芝加哥艺术博物馆地下一层的一条狭窄走道上。看到这些作品的人们会忍不住屏息赞叹。光照下的展品精美逼真，让人不愿移开目光。但是最重要的是，这些作品本就光彩熠熠，让人毫不犹豫地称其为魔法般的存在。我们窥探起神秘的魔法世界，但是马上就能认出来它们就是那些出现在杂志和电影里的光彩夺目的屋子。

　　欧洲主题屋共有29间，其中28间都是以英国或法国为主题的屋子（剩下的那间是19世纪初德国毕德麦雅时期的客厅）。光是举一例英国主题屋或许就足以证明作者在制作过程中的细致程度。以20世纪30年代的这间客厅为例，在大理石地板铺就的客厅里，敞开的落地窗外是摄政公园（Regent's Park），客厅的鸽灰色墙壁上涂有精致的洛可可粉，屋内还有齐彭代尔（Chippendale）的椅子、配套的铬金属桌腿玻璃桌、桌上的鸡尾酒调酒器和香烟盒、现代躺椅上一张皱皱的报纸。整个客厅优雅、通透、朴素，人们几乎可以闻到蓝色花瓶里白百合花的芬芳，但这一切都装在一个17英寸×27英寸×21英寸的迷你房间模型里。这个房间与安妮女王的村舍厨房（Queen Anne Cottage Kitchen）或者格鲁吉亚的门厅（Georgian Entrance Hall）不同，不需要我们做任何调查研究，因为它不过是一间普普通通的客厅，说不定索恩夫人自己都会在里面和室内设计师塞西尔·比顿（Cecil Beaton）争执起来。位于温莎城堡的玩偶屋，只需一场战争就能击碎其信心。

美国主题屋共有 37 间，包括 1675 年前后马萨诸塞州的一间客厅和厨房、20 世纪 40 年代的加州梦，还有从科德角到新墨西哥等地的多间起居室和会客厅。西海岸门厅（West Coast Hallway）是该系列的最后一间，体现了未来的召唤：模型展现了法国画家费尔南·雷捷（Fernand Léger）等人的原创作品，远处的风景则是金门大桥。整套作品里只有一个房间体现了东方文化。这个房间里有一个传统的、时间不详的座敷童子，还有推拉门、漆面桌以及与周围环境相衬的竹子。其实索恩制作的每间主题房最终看起来都是和谐的，根据前文我们可以推断出一点，即每件精致的微雕艺术都应当实现内部的和谐。和谐的迷你物品光是静置在我们面前就能把我们迷得神魂颠倒，这是其他物品无法比拟的。

如果你无法前往芝加哥实地参观，那么，你可以试试线上游戏——《索恩的游戏》（Game of Thornes）。这是一款密室游戏，玩家用鼠标点击电脑屏幕获得线索，就能触发其他线索或进入其他房间。玩家的目标是收集到足够的线索"逃脱这间神秘的密室"。乍一听好像会引起幽闭恐惧，让人想要遁地而逃。举个例子，玩家在 16 世纪晚期的法国主题卧室里点击床铺，就会看到下面的提示称床顶内侧绣着一条线索，告诉玩家找到三个字母就可以逃脱密室。穿过一扇门，玩家便来到了一间精心布置的前厅，点击画面中间的绿色椅子，就能瞬间移动到一间18世纪50年代中期的法式闺房，点击火炉旁的白色大理石雕像，就会发现字母"M"。

一直点击鼠标实在太无趣了，于是我决定亲眼看看在伦敦展出的索恩夫人的模型作品。这件模型是1963年制成的，当时索恩夫人接到了一份意想不到但又令人欣喜的委托：为纪念爱德华八世的加冕礼（虽然不过一年时间爱德华八世就退位了），英国皇室邀请她制作一个温莎城堡图书馆的模型。这件模型现在就摆放在伦敦的维多利亚和阿尔伯特博物馆。当然，它不能与玛丽王后的玩偶屋相比，因为，虽然书架上的书目繁多，却没有一本能翻开阅读。

就像玛丽王后的玩偶屋一样，索恩夫人的屋子里也没有人偶。因为这样做不仅会遮挡部分家具，还会影响我们身临其境的感受。不过还有另一个原因：人偶长得并不像微缩的人类。人类是复杂的、有生气的，而人偶则太容易被读懂了。参观耶稣降生场景的模型（或许我们会把它想成玩偶屋的前身）时，我们鲜少会身临其境地激动惊呼："神秘的东方博士来了！[1]"把人偶放进温莎城堡或芝加哥艺术博物馆那些精致的模型屋里，只会让它们的玻璃眼球、雪纺裙和用马毛

1　《马太福音》提到，东方的几位博士夜观星象得知耶稣诞生，于是就跟着星星赶往伯利恒前去拜见。

制成的毛发显得更加不真实。如果真要用人偶代表什么，那它能代表的只能是大号的人偶。

不过，在另一个微缩景观中，不管模型人偶逼真与否，是男是女，或许都能派上别的用场。它们或许可以凭借自己毫无生气的状态，表现出人类更加黑暗的那一面。这一点在弗朗西斯·格斯纳·李（Frances Glessner Lee）的模型中得到了绝佳的体现。

儿时的李也像其他人一样精心地装扮过普通的玩偶屋、制作过精美的模型。举个例子，她创造了一支由90位音乐家以及90件乐器组建的完整的芝加哥交响乐团。不过，让她闻名于世的是一样更骇人也更实用的模型。弗朗西斯·李比索恩夫人大四岁，她们都住在芝加哥，同在八十多岁时去世。从她们共同的爱好来看，我们仿佛觉得——借用美国作家杜鲁门·卡波特（Truman Capote）的话来说就是，两人共同的爱好让她们看起来像是在同一间屋子里长大的孩子，只不过索恩夫人从前门出来，弗朗西斯·李走了后门[1]。

20世纪40年代，弗朗西斯·李用一套逼真的微缩模型模拟了几个命案现场。这些模型是由木头、布料、金属、塑料、玻璃以及其他任何在家里就能找到的材料制成的。现在

---

1 杜鲁门·卡波特的原话是"我们像是在同一间屋子里长大的孩子，他从后门出去了，而我走了前门"，"我"指著名作家卡波特本人，"他"指杀人犯佩里·史密斯。

留存下来的共有 19 件，可能还有其他一些未能完成的模型。每件模型都需要花费数月时间打造，每个都精准地体现了时间细节，因为她担心如果自己把细节弄错了，或者做得太粗糙，别人很快就会对她的作品失去兴趣。因此，地板上的地毯、水槽边的香皂、桌子上的面包和墙面上的镜子都做到了极致。咖啡壶里有真正的咖啡渣，浴室里有一小瓶药，客厅里的印花扶手椅看着非常舒适，让观者不禁有一种想坐上去试试的冲动。

但房间里的氛围并非完全舒适安逸，因为房间里有各种各样的死者模型。有躺在厨房地板的血泊中的，有吊死在绳子上的，还有倒在楼梯底下的。有一位死者向后栽倒进浴缸，开着的水龙头还在往他（她）的脸上喷水。有时候，房间里会显示出破坏和挣扎的痕迹，但是也有些时候，房间里只留下了枕头上的口红印。不过，房间里一定少不了尸体，因为谋杀案是弗朗西斯·李研究的对象。此外，死者模型还总是被精心打扮过的：身上穿着黑色棉裤袜、灯笼打底裤、外裙一层叠着一层，脚上还穿着带有真皮鞋底的针织鞋。李为每个死者模型都精心打造了一身装束，但这只是为了体现出它们的身份而已。李把自己的模型称作死因不明案件小模型（Nutshell Studies of Unexplained Death）。八十多年过去了，其中一些案件至今仍是无头案。

李从大家闺秀到血腥艺术家的转变是受了朋友乔治·伯

吉斯·马格拉思（George Burgess Magrath）的启发。马格拉思是波士顿的一名法医，常常因为警察在他到达命案现场之前的随意举动而感到震惊（当时的警察会随意移动或移除证据，还会顺手清理血迹）。李设计的凶案场景常常是根据马格拉思的叙述或者报纸上的谋杀案虚构的。房屋里有她精心设计的破案线索，如有炊具上令人垂涎欲滴的食物、晾衣绳上刚刚洗净的床单。这些引人注目的小物件或许能够引导观察模型的人找到杀人动机、杀人方法以及杀人凶手（不过并非每具尸体都是死于他杀，其中也有离奇的意外或自然原因导致的事故）。最有意义的一点是，李赋予了这些模型教学意义，把模型设计成了比例约为1∶12的凶案现场观察教具。一张30英寸的桌子缩小至3英寸以内，一把11英寸的左轮手枪缩小到了1英寸。李说，学生在使用这套教具时，要从模型最上方开始，按照顺时针方向从外向内仔细勘察整个现场，确保不会遗漏任何线索，最后以尸体为中心，结束搜证。90分钟应足以让观察者收集到所有线索。李认为自己的作品不是艺术品，也不是手工艺品，更不是娱乐用品（不过，凑巧的是，她的模型确实和早期的电视机差不多大）。李的模型丝毫没有体现出索恩夫人模型屋的审美元素，她把自己的模型视作一门科学，如果她看到自己的作品至今仍有价值，一定会感到欣慰。

晚年的李经常出现在报纸上，每次媒体都会称她为"一位富有的老奶奶"。虽然她的经济条件确实不错，但如果这样的描写让你联想到贵妇人的形象，那你就应该再好好考虑考虑了。在投身命案现场的微雕工作以前，李就一直热衷于司法。一方面可能是为了保护她自己的权利，另一方面也可能是为了保护弱势群体的利益。她竭尽所能地改善警察的执法水平和效率。最重要的是，她坚信坚毅而廉洁的警务人员的使命就应当是"确立罪行、洗刷冤屈、查明真相"。为此，20 世纪 30 年代初，她协助创立了哈佛法医系和哈佛警察科学协会（Harvard Associates in Police Science），这两个组织都旨在规范现代化的凶杀案调查方法。她认为，警务人员要以科学的推理技术为引领，抛弃传统的调查方法或迟钝的本能直觉。她的理念带来了革命性的改变，因而她在历史上被尊称为"法医学之母"。她的关注焦点以及她带来的影响或许从处决台上救下了数不清的无辜之人。那些血腥的模型是她的理念的延续，她化繁为简，留下案件中最关键的部分，让搜证者看到真正重要的东西。即使到了我们对怀疑论有了充分认识的今天，在看这些模型时，我们也难免会产生一种既惊恐又钦佩的复杂感情。它们不过是一个个玩具模型而已，但却是难以解决的谜题：它们用疑惑蒙蔽我们，而疑惑就意味着要着手调查。

　　李对死亡有着深刻的认识。从 1929 年至 1936 年，她的哥哥、母亲、女儿和父亲相继离世。科琳内·梅·博茨（Corinne May Botz）写过一本书展示凶案现场模型的特写照片，她在书中说，在如何安慰人这一研究领域，李或许可以算是一个研究素材。她严厉、强势、苛刻，她的一个亲戚甚至称她是精神病学的绝妙案例。她的外貌比较中性：短发，素颜，特征鲜明，戴着金属边框眼镜，即使是经验最浅的心理学家也会注意到她想融入男性主导的世界的渴望。根据博茨的记载，她早年既被庇护着又被压制着，在享受上层社会舒适生活的同时，也忍受着家长专断的期望。她掌握了家庭手工艺品的制作技艺，但是她的职业视野却缩小了。她渴望到哈佛求学，而家中的长辈却认为这并不符合淑女的形象。李想要逃离她那令人压抑的父母。她和前夫所生的三个孩子说，从父母的魔掌中逃离后，李过得无比快乐。20世纪30年代，遇到乔治·马格拉思并初获经济独立后，李的生活发生了巨大的改变。

李喜欢夏洛克·福尔摩斯和阿加莎·克里斯蒂，所以她的打扮酷似阿加莎·克里斯蒂笔下的乡村侦探马普尔小姐（Miss Marple）似乎并不完全是一种巧合。她顶着一头圆圆的小鬈发，穿着深色高领扣衬衫，戴着一项20世纪20年代玛丽王后风格的帽子，举手投足间透露着严肃。但是她比任何人都更清楚，外表是会骗人的。她对克里斯蒂多数畅销作品中描述的上流社会不感兴趣，转而维护起

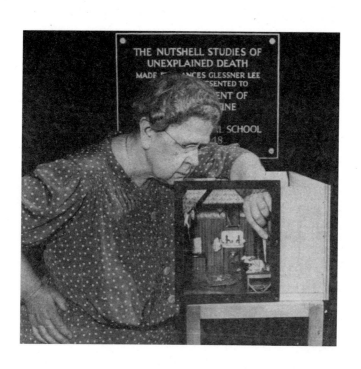

李的血腥模型：1949 年，弗朗西斯·格斯纳·李在用镊子修整凶案现场模型。

下层人民的利益。李的许多微缩场景都反映了残酷城市生活的不确定性和它带来的侮辱。尽管下层人民日常的挣扎无法解释模型小人的命运为何如此悲惨（他们的尸体倒在起居室、仓库、玄关、车库里），但这种挣扎却根植于严峻的现实，李打造的许多场景都弥漫着一种莫大的悲伤。

模型里的大部分死者是女性，但是观察模型的都是男性。李解释说："搜证员最好想象自己不到 6 英寸高，这样才能达到最好的观察效果。观察几分钟之后，他们就会身临其境，发现许多原来没有注意到的微小细节。"她说自己旨在用模型打造出最"有效"的那个时刻，"就好像电影停在某个时间点上"。

李的模型小人身上都附有几段文字，这是目击者留下的证词。目击者通常是发现死者遗体的家属或者当地的熟人，为案件的侦破提供了重要的线索（尽管这些证词都是虚构的）。举个例子，在"粉红浴室"（The Pink Bathroom）这个场景中，罗斯·菲什曼夫人（Rose Fishman）已经倒地身亡，目击者是门卫塞缪尔·威斯（Samuel Wiess）。他在证词中回忆道："几个房客抱怨屋子里有臭味，3 月 30 日这天我在楼里寻找这股臭味的来源。"显然，他闻到的是菲什曼夫人的腐尸发出的臭味。威斯按下菲什曼夫人的门铃后，里面没有人回应。他又看了看一旁的信箱，结果看到了成堆的信件。

他走进菲什曼夫人的房间，试图打开浴室门，但没有成功。于是，他从太平梯爬进了浴室窗内，结果发现了倒在地上的菲什曼太太。

李接着解释道："不能忽视的一点是，这些证词可能是真的，也可能是假的，还有可能是故意编造的，或者是以上随意两三种的结合。所以，搜证者必须以开放的心态看待每起案件。"回到刚刚的案件上。威斯的证词属实。菲什曼太太其实是在浴室门上自缢身亡的，门上还挂着几根她所穿浴袍的蓝色丝线。但是只有最敏锐的搜证员才能注意到这一点。而菲什曼太太之所以会倒在地上，是因为威斯在试图破门而入的过程中把她的尸体震落了。

"粉红浴室"的场景与"深色浴室"（Dark Bathroom）的场景大不相同。后一场景的尸体在浴缸里，浴缸的水龙头还开着。这名死者叫玛吉·威尔逊（Maggie Wilson），目击证人是她的室友莉齐·米勒（Lizzie Miller）。米勒信誓旦旦地说，威尔逊有癫痫病史，可能会突然发作（这是一种可能的死因）；另外，在她发现死者的那天晚上，有两位男士前来做客，他们三个人应该在房间里喝了大量的酒（这是另一种可能的死因）。浴缸里的水是为了淹死她还是为了让她在病发时恢复神志呢？死者是不是在尸僵出现以后才被搬到浴缸里的？为何死者的姿势如此奇怪？地毯上的瓶子和旁边的药品在暗示什么？设计者用大头针大小的针为死者编织了一双黑色棉裤袜，还写信告诉自己的儿子这项工作有多么烦琐。就是这样一个女人成功地把我们的思绪从微缩模型带向了更广阔的世界。

大约八十年过去了，李的作品仍然吸引着我们。几十年来，这些独一无二的模型随着时间的流逝而更具古朴韵味，不过这些模型仍旧不是什么如画的美景。2017年秋，史密森尼（Smithsonian）博物院曾以此为主题举办了一次展览。但在平常，这些模型都存放在巴尔的摩首席医疗检查办公室（Office of the Chief Medical Examiner）的二楼[首席医疗检查办公室每年都会举办弗朗西斯·格斯纳·李凶杀调查研讨会（Frances Glessner Lee Seminar in Homicide Investigation），参会者主要是些侦探、病理学家和律师。一周的研讨会议程中有一项就是用几个小时深入调查各个凶案现场模型的真相]。李的模型还为小说以及电视剧提供了灵感。《犯罪现场调查》（*CSI: Crime Scene Investigation*）某季中的连环杀手"人偶杀手"（Miniature Killer）就会在作案现场留下她制作的精巧模型，挑衅办案人员："来抓我呀。"对此，李应当会谴责凶手的罪行，但是也会欣赏她对细节的把控吧。

各个职业、各个年龄段的人在欣赏过这些模型后，都会带着一种笃定的感觉离开，觉得实现了某种抱负。粉红浴室的悬案解决与否不是重点，也从来都不是重点。重点是，李充分发挥了微缩模型的潜在作用，这也是玛丽王后玩偶屋和索恩夫人模型屋的价值所在。人们凑得越近，发现的就越多；发现的越多，就越想凑近看。

震撼又疯狂：微缩景观世界（Miniatur Wunderland）园区内的
游客在欣赏罗马景观。

第六章

最大的铁道模型景观

"如果有人到你家里说要免费向你展示一列莱昂内尔（Lionel）火车模型……让一列呼啸的火车沿着你家的角角落落不停穿梭，可能还会在车头处喷出一点蒸汽（就像火车模型商店里展示的那样，你大概见过这种场景），你会拒绝他，还是会把他赶走，但让他把火车模型留下呢？"

[摘自《疑问语气》（*The Interrogative Mood*），

帕吉特·鲍威尔（Padgett Powell）著]

德国北部港口城市汉堡市多了一个新地标：微缩景观世界（Miniatur Wunderland）。这是世界上最大的铁道模型景观，拥有将近 16 千米的铁轨。自 2000 年第一条铁轨建成以来，已有超过 1500 万游客前来参观这一壮观的微型世界。《权力的游戏》的作者乔治·R.R.马丁、前世界重量级拳王弗拉基米尔·克里琴科（Wladimir Klitschko）以及众多德国喜剧演员和政治家都曾前来参观（他们的照片就挂在入口处的墙上）。这里还吸引了来自世界各地的游客。截至2017年10月初的游客数据统计，这里吸引到了来自英国的129444人、来自美国的83212人、来自中国的57318人、来自布基纳法索的59人，与汉堡市紧邻的石勒苏益格－荷尔斯泰因州至少贡献了1441002人次的客流量。有一些游客来过不止一次，他们在这里有宾至如归的感觉，所以给它起了个昵称——"小小世界"（MiWuLa）。不过要提醒大家一点，景观里的铁轨可差不多有16千米长呢。

我猜，其实汉堡的这座微缩景观世界对大部分游客的意义并不如它对我的意义深。我的父亲出生在汉堡，我的爷爷奶奶也是土生土长的汉堡人。他们在一家可以俯瞰易北河的酒店里结了婚，摆放这个景观的大楼就建在易北河上。易北河是汉堡为数不多的历史遗迹之一，因为城市大部分的景观都在"二战"中被同盟国摧毁了。那时，我的父亲是英国陆军一等兵。城市被毁后，一个全新的汉堡在这片土地上建成，其中有正常比例的建筑，也有迷你的建筑模型。但是铁道模型景观的设计者不甘于此，他们认为自己的火车模型不应该仅仅途经德国，所以他们又扩建了模型，增添了奥地利、瑞士、斯堪的纳维亚、意大利和美国几个州市的景观。每年，这个迷你的德国都会得到扩充，单靠火车已经不足以实现设计者的雄心壮志了，所以，为了到达德国以外的地方，设计者还打造了一条繁忙的水路和一个模型机场，模型飞机在金属杆的支撑下起飞，飞进前方灰色的幕布，消失在游客的眼前。飞机时不时地会俯冲到跑道上引发预设的火灾，这时候微型消防车就会从车库里冲出来灭火。我想，这支由320名员工组成的微缩景观团队或许会造出整个世界，并让一条铁轨连接各处或穿梭其间。

所有严谨认真的铁道模型师都会告诉你，制作一个大体积的微缩模型并不是放大一个个微缩模型，制作时还要考虑许多特殊的问题，比如要为火车及其他设备的用电和照明提供合适的电压，要考虑物体的重量、景观的通风系统，还要确保单个故障不会使整个景观陷入瘫痪。另外，景观还应该具有多样性，不能让游客感觉整个景观就是一座又一座相差无几的模型小山（一项早期的调查发现，铁道模型本身主要吸引男性游客，而女性游客更容易被细致的风景吸引）。但是，无论微缩景观世界的讲述者用多么震撼和充满戏剧性的语言包装，微缩景观团队遇到的后勤保障问题不知何故，还是既可爱又逗趣（"有人关错了开关，导致整个系统在开场前一晚崩溃！""火车从桥上脱轨，砸中了一群迷你小人！"）。微缩景观世界的技术主管约阿希姆·于尔斯（Joachim Jürs）用一句话指明了建造巨型微缩景观时会遇到的困难："你不可能走进一家店里说：'我正在建造世界上最大的铁道模型，把你们店里有的都给我包起来！'"

但你若真的打算打造一个世界上最大的铁道模型，一个连接各个国家、各个大洲的模型，那将是一个什么样的世界呢？

如果你选择搭乘真正的火车前往微缩景观世界，那么你会先经过易北爱乐厅（Elbphilharmonie）前面聚集的人群，这座闪闪发光的音乐厅是前几年由赫尔佐格和德梅隆建筑工作室（Herzog & de Meuron）设计的。接下来是仓库城，正如你所看到的那样，这一片宏伟的建筑构成了全球最大的仓储区。再往前一扇毫无特色的门里是一段平淡无奇的石阶，往上走三层楼，我们就来到了微缩景观世界那不起眼的入口。里面的天花板很低而且毫无遮挡，灯光不太柔和，路标也不实用，纪念品商店还十分花哨。从此种种可以很明显地看出这是个工程与汗水交织的地方，并非什么文艺之地。尽管它规模庞大，搭建了好几层，还囊括了许多国家和大洲，但这就像是一个工程迷的大阁楼。同时，它也是一个大热的景点。我细细观察了我在参观过程中拍摄的照片，发现所有照片都有一个重要的共同点：照片里的游客都充满敬意地伸长了脖子，想要凑近看个究竟。

建造这座德国微缩景观世界是弗雷德里克·布劳恩

（Frederik Braun）的梦想。2000年7月，三十二岁的布劳恩和朋友在苏黎世逛街购物时，无意间走进了一家出售铁道模型的商店。当时他在汉堡经营着一家名叫 Voilà 的舞厅，生意红红火火。不过在叱咤了十年后，他厌倦了灯红酒绿的生意。商店里的铁道模型吸引住了他并唤醒了他儿时的梦。小时候，他和孪生兄弟格瑞特就希望以后可以住进两栋相邻的房子，在共享的地下室里举办大型的铁道模型展。他说，就是那一刻，灵光一闪，他决定建造世界上最大的铁道模型，于是他马上给身在汉堡的格瑞特打电话，让他上网查一查究竟需要建造一个多大的模型。接起电话时，格瑞特觉得他疯了。

布劳恩没有放弃，终于，经过四次电话沟通，格瑞特和他们的商业伙伴斯蒂芬·赫兹（Stephan Hertz）终于接受了这个主意。他们很快赢得了银行和当地商界的信任，并且找到了合适的建造位置：一个曾经用来存放咖啡的仓库。铁道模型的规格采用 HO 轨（比例约为 1∶87，轨距为 5/8 英寸，这是最早的火车模型标准比例，推广于 20 世纪 50 年代）。他们计划在 2001 年 8 月正式开业，预计成本为 150 万欧元，如果每天的员工人数安排在 15 人，且能够吸引 300 名游客，就可以实现收支平衡。他们租了 1600 平方米的场地，打算在建成 250 平方米以后就对游客开放。他们在《图片报》（Bild）和《汉堡晚报》（Hamburger Abendblatt）上都刊登了模型建造师的招募广告。

　　这则招募共吸引到了150位应聘者。布劳恩邀请应聘者到他们的舞厅里用木头和灰泥进行试建。考察内容主要是应聘者的想象力、幽默感以及制作经验。其中一位应聘者格哈德·达舍尔（Gerhard Dauscher）受聘负责领导模型建造团队。达舍尔记得自己热衷于招募那些生活中不只有模型的人。"模型建造师要包容人类的欲念和渴求、拼搏与休整、喜爱与怨憎，这一点是至关重要的，海纳百川才能利用模型反映出最真实的人物和生活。"他也渴望招聘到那些有着良好审美的人，因为他认为："只有这样才能建造出一座游客想要攀登的小山，才能创造出一片游客想要躺下休息的草地。就像我常说的：'只要你在你的模型里能看到自己的身影，那么你就掌握了制作模型的精髓！'"

　　最后，20位应聘者通过了选拔。他们建造的第一个景观是迷你的德国。其实最初他们并没有复原德国的真实面貌，只是建造了两个展区，一个是德国中部展区（Middle Germany），另一个是虚构的"克奴分恩展区"（Knuffingen），微缩的汉堡市在开业一年后才得以出现在游客面前。景观里有山脉、卷心菜田、向日葵丛、牛群、城堡、带有摩天轮的游乐场、上演着《罗密欧与朱丽叶》的剧院、一个迷你高尔夫球场，两百多列火车穿行其间或环绕于四周。在这些景观里藏着设计者的小趣味：一对在向日葵丛中做爱的男女、飞过山头的 UFO、谷歌公司的街景测绘车、摇滚音乐会上的蓝色移动厕所。游客们可能都会认为自己是第一个发现这些小细节的有心人。在克奴分恩展区，一千多米长的铁轨与 Faller 数位控制汽车系统相辅相成，400 辆装着可充电电池的汽车模型受磁力作用，在这个受计算机控制的道路网上，沿着安装在路面下方的细电线向前行驶，迷你驾驶员坐在迷你汽车里在城市间穿行，有的去往办公室，有的去往商店；超速行驶的司机被交警拦截查处；除了救护车和消防车，所有其他交通工具都红灯停、绿灯行，在转弯前打上转向灯。红外信号和计算机感应系统的结合保证了车辆的路线不是预先设定的，而是根据其他车辆的位置单独计算的，因此，除非特意设计了堵车的场景，否则其他地方是可以避免拥堵的。景观里的公路网和铁道网一样令人震撼，全长超过一英里。在过去十五年的运营中，迷你消防车已累计处理了 78 万起火灾。

　　游览快结束时，我仍想不透这个微缩世界究竟是震撼的还是疯狂的，不过显然二者皆有体现。诚然，这个微型世界给数百万人带来了极大的快乐，也推动了汉堡市的经济发展。这里常年是欧洲十大经典旅游景点之一，而且领先于乌菲兹美术馆和蓬皮杜艺术中心，仅次于伦敦的大英博物馆和杜莎夫人蜡像馆。但我却对其疯狂的扩建感到不安。成百上千小时的时间被花费在扩建一些看起来毫无意义的东西上。难道我们的世界已经发展到巅峰了吗？我们能做的只剩下消化和复制已有的成就了吗？

从对布劳恩兄弟的采访（以及他们的文章）中，我们可以看出，除了感慨模型之大以外，他们从未想过要通过这个巨型模型表达任何伟大的哲理或者任何雄心与激情。对于他们而言，仔细观察这个模型就可以得到快乐和领悟某些道理。来这里惊叹于此间美景便足矣，至于哲理，就别管了吧。

但现在，微缩景观世界已不仅仅是个人的夙愿或消遣了，它已经成了一种产业，成了一个巨大的商机。截至 2016 年，园区负责人已投入了大约 2000 万欧元将其扩建到了 7000 平方米，而且这笔投资确实带来了丰厚的收益。据统计，游客的总人数累计超过百万，平均票价在 10 到 13 欧元，而且在出售书籍、模型、DVD 等纪念品的商店里，各个收银台前都排着长龙。值得一提的是，商店里甚至还有微缩景观世界版的大富翁游戏，原本游戏里的公共停车场换成了德国巴伐利亚州的新天鹅堡。其实，我们确实可以从园区内的纪念品商店领悟出一条属于这里的简单哲理：遁世的哲理。俯瞰景观里的微型世界让我们觉得自己有无数种可能。"站在那里，你可以成为任何你想成为的人。"格瑞特·布劳恩这样说道，仿佛在试演百老汇的音乐剧一般。但是，十英里的娱乐设备真的足够了吗？在汉堡这样历史悠久的城市里，希望看到更具意义的东西，有错吗？

铁轨一直是一个缩小世界的工具。19世纪30年代，第一批城际铁路开通，乘客的路程耗时至少减少了一半，人们相信生活的效率将会从此翻倍。最早，只有利物浦与曼彻斯特之间开通了城际铁路，但很快，任何希望加入现代社会的城镇都通了车。事物发展得越来越快，世界似乎变得越来越小。但一个世纪后，随着个人交通工具和看似更加方便的运输方式的出现，以及交通网络的削减，火车也渐渐地变了模样，有慢速火车、经停站更多的火车以及被遗忘的火车，当然，还有蒸汽火车。火车模型爱好者最喜欢的就是蒸汽火车，这是火车发展的目标，这是理想化的火车。火车模型往往能描绘出令设计者怀念的过去究竟是什么模样。

　　那么，或许微缩景观世界的哲学就藏在这些模型中吧。只有从模型的内部观察才能发现，对于这对一点一点重建世界的年轻德国兄弟来说，究竟什么才是至关重要的。对于大多数游客来说，穿梭在景观中的火车本身（约有1000列火车，共计约1万节车厢）一直就是微缩景观的一部分（据官方统计，截至2016年秋季，景观里共计有26万个模型小人，每年遭窃的约有3500个，景观负责人把偷盗说得有些严重，称这些小人"被绑架"了）。那么，这座微缩景观里展现的究竟是一个什么样的世界呢？例如，在2003年开放的美国展区中，拉斯维加斯占据了中心地位。那里共安装了3万多个LED灯，当室内照明变暗之后（每15分钟一次），拉斯维加斯就成了整个景观中最闪耀的地方。景观负责人解释说，他们之所以选择建造拉斯维加斯而不是纽约或好莱坞，一是因为拉斯维加斯有赌场，二是因为他们可以把世界再缩小一次。拉斯维加斯城内有各种地标模型，比如卢克索酒店的金字塔、纽约纽约酒店（New York–New York）的自由女神像、巴黎酒店的埃菲尔铁塔。汉堡微缩景观世界中的拉斯维加斯则包含了这些模型的模型，因此，半数世界知名的地标都聚集在了这个坐落于波罗的海海边的低顶库房的一角。

除了拉斯维加斯这片展区，美国展区的其他景点则完全不按比例建造了。景区里的导游介绍道："真正的大峡谷长约 450 千米，形成于数百万年前。而微缩景观世界的大峡谷没有那么长，也无须用几百万年时间打造。但对于建造者而言，这仍是一个巨大的挑战……"几英尺外，本该是基韦斯特（Key West）的地方变成了卡纳维拉尔角（Cape Canaveral），往西一些就是拉什莫尔山（Mount Rushmore），它的旁边就是优胜美地（Yosemite）国家公园。周围有一场海洋世界表演、一口正常运转的油井、火车站的枪战、高大的红杉林和在大沼泽地国家公园（Everglades）穿行的电车。真是一趟十分紧凑的旅程！人们一定默默抱怨过这里奇怪的布局。虽然这是为了娱乐不是为了教学，不过，我还是想问，我们真的有必要在汉堡和美国之间架起一条连接两地的"微缩景观世界欧洲隧道"吗？

意大利展区近来添置了迷你的威尼斯水城，整个展区共用了四年时间建造。这里有西班牙阶梯、罗马斗兽场、圣彼得大教堂（教堂里甚至还有一位迷你主教）以及许多可爱的当地特色，比如设计者就故意把一大堆意大利面和黑手党成员放在一个场景里。当然，这里也少不了火车模型（迷你罗马设有一个大型的多站台终点站）。不过，最花心思的部分还是维苏威火山模型。它由树脂和真正的火山岩堆建而成，受计算机控制，定时喷发，吞没下方的庞贝古城。（游客会忍不住呐喊一声："庞贝人啊！你们没从十五分钟前发生的灾难中吸取教训吗？赶紧逃命啊！"）设计师们无法决定究竟是要还原火山喷发前繁荣的庞贝古城还是如今吸引着考古学家和游客前去参观的庞贝遗迹，所以他们建造了两座庞贝古城，而且他们发现二者有一个共同点：罗马凉鞋。

2009 年 8 月，政治元素直接走进了微缩景观世界。创办者邀请了德国的六个政党来此设计他们心中的乌托邦，并给每个政党一平方米的面积展示他们认为未来几年中对德国国民（或许就是他们的潜在选民）最重要的东西。这是一份比例为 1：87 的治国宣言。大选前一个月，德国《明镜周刊》（Der Spiegel）前来评测成果。记者发现，每个党派都在努力打造自己的理想家园，而且大多数都很幽默。德国基督教社会联盟（Christian Social Union）在迷你的林登大道上打造了现代版的啤酒节，街上到处都是穿着皮裤用笔记本电脑办公的商人；左翼党组织了一场模型小人的反歧视游行；自由民主党举办了同性恋婚礼；绿党设计了一个具有田园风光的太阳能和风能发电场；默克尔领导下的基督教民主联盟（Christian Democratic Union）给9000个小人涂上颜色，组成了一幅德国国旗。2013年，这种拉票方式再次兴起。这一次，各个党派都开始在景观中展现自己了。基督教民主联盟展示的场景里有一位黑人警察正在护送儿童和老人过马路，附近飘扬着欧盟的旗帜；代表德国社会民主党（Social Democratic Party）的小人正在"教育"和"机会均等"两块营地之间架起一座桥梁；自由民主党打造的场景里出现了许多同性恋家长排队献血的场景。微缩景观世界以这种方式展现自己的政治宣言，这是一种令人憧憬但又稍稍令人不安的幻想，在这里，有着通向美好世界的准点火车。我们心中的恶或许会压倒高尚的情操，我们或许会渴望拥有一只特瑞·吉列姆式的大脚，以便踩碎这一切幻想。

从微缩景观世界当前的情况来看，这里的未来也很光明，它没有显示出任何真实世界里不断升级的恐怖迹象。法国展区即将建成，之后要建成的是连接法国和英国的隧道，这意味着埃菲尔铁塔和大本钟即将入驻景区。由此可见，闻名世界的大型地标总是为著名的微雕作品提供建造思路。园区还计划打造亚洲和欧洲展区，随后当然是南极洲。（又有谁知道在这块寒冷的土地上会不会建起一个中央火车站呢！）景区已获准在 2028 年前扩建至 1 万平方米，届时铁轨总长将达 12.5 英里左右。布劳恩兄弟在汉堡打造的这座奇观像极了一本介绍所有世界地标的纪念册。在这里，人们熟知的风景比比皆是，细节之处多种多样，复杂的问题都消失不见了。如果你不把它当成真的，也不太较真的话，这里确实是一个很棒的地方。但这就使它与其他的铁道模型格格不入了，因为设计师在设计后者的时候是非常较真的。

2013 年 9 月，罗德·斯图尔特爵士（Sir Rod Stewart）参观了微缩景观世界，这一举动向世界透露出了他对模型火车的喜爱。他后来承认，要公开这项爱好并不容易。铁道模型爱好者常常被视作孤僻的或不合群的人。20 世纪 70 年代中期，为了避税而迁往美国后，罗德发现那里的人们更易于接受这项爱好，许多美国粉丝甚至将此视作他身上可爱的英国特质。现在，罗德·斯图尔特有了令他欲罢不能的"新欢"，不过这可不是什么金发女郎。另外，现在他最喜欢的职业轨道也与音乐无关了……

为公众熟知的罗德·斯图尔特，是那个卖出 1 亿多张唱片、创作了超过 30 首英国十大单曲的摇滚歌手。所以，2011 年他在接受皮尔斯·摩根（Piers Morgan）的采访，讲述自己对火车铁轨模型的痴迷时，两人似乎都在对牛弹琴。摩根一开始称呼火车模型的方式给斯图尔特的感觉就像是自己的妻子受到了侮辱一般。"你说这是一套火车玩具?"斯图尔特重复了一遍。要知道,他的模型可有1500平方英尺。

摩根又问他:"模型带给了你什么?"

"兄弟,它就和其他爱好一样啊。就是棒极了。面对火车模型时,我不会感到任何压力,但凡我有一点焦虑,我就会喊一句'见鬼,我要上楼去了',然后在阁楼里待上几个小时。当然,我会征得夫人的同意,我会问潘妮:'我去三楼看一会儿模型可以吗?'"

"你的模型铁轨像这间屋子这么长吗?"摩根在斯图尔特家一楼的书房里这么问道。斯图尔特住在比弗利山庄的一座豪宅里(室内有着摄政风格的家具、前拉斐尔派的绘画作品以及凯尔特人的围巾,等等)。

"是这整栋楼这么长!"罗德·斯图尔特说。

"你一共有几列火车呢?"摩根又问道。

斯图尔特侧过身看着制片人摩根,把心中的疑惑大声问出了口:"人们现在还在乎数量吗?"他耐心地解释说,"重点不在于火车的数量,而在于整体的比例和细节。我的模型是根据20世纪40年代的纽约中央铁路和宾夕法尼亚线路建的,我很喜欢它们,我真的非常喜欢它们,我甚至随身带着它们。"(斯图尔特经常带着几大箱火车和铁轨模型出远门,在酒店房间里布置铁轨景观模型。)

"你喜欢当火车司机还是火车站长呢?"摩根继续问道,

就像在描述性暗号似的。

"快别说了！我才不会戴顶小帽子！这是一项很有趣的爱好，就像看书画画一样。这是立体的。你知道吗，它简直太棒了。"这是对这种任何人都可以培养的爱好的最佳辩护。斯图尔特证实了一点，他的这项爱好的确源自一种纯粹而简单的爱，如果你理解不了，那就是你的问题了。

斯图尔特在2007年12月出版的美国《铁道模型》（Model Railroader）杂志上公开亮相。他羞怯地为铁道模型杂志提供了素材。他给杂志出版商特里·汤普森（Terry Thompson）写信自荐说："过去二十年来，我一直在钻研火车模型，而且早在我沉迷火车模型以前，就一直关注着贵社出版的杂志。我想，您或许会有兴趣发表我的模型的一些照片。"随信附上的模型照片给杂志社留下了深刻的印象，当杂志社的工作人员亲眼看到他的模型时，他们更是被深深地折服了。

"摇滚名人堂上榜歌手在演唱会后放松身心的方式竟然是制作模型。"他们兴奋地在稿子上写道，仿佛都对此难以置信。斯图尔特的模型宽23英尺、长124英尺，被他称为格兰德大街与三河铁道模型（Grand Street & Three Rivers Railroad）。与微缩景观世界一样，斯图尔特的铁轨也是按照HO轨的比例（1∶87）建造的。他的模型共有100多个建筑，最高的超过了5英尺。同样，模型里也有街道、汽车、广告牌、人群、树木以及许多火车。繁忙的时候，会有13台引擎同时运转。他对 Digitrax 数控模型火车充满执念。"我很同情那些对模型火车不感兴趣的人，这可是绝佳的放松方式。"斯图尔特对该杂志的读者如是说道，不过，这个群体恐怕是最明白这一点的人了。

铁道模型已经悄然成了一种新的摇滚。罗德向世界宣告了自己的爱好之后，其他的铁道模型迷也纷纷冒了出来。摇滚歌手罗杰·多特里（Roger Daltrey）在阁楼里摆放着精致的铁道模型，门基乐队（the Monkees）已故的戴维·琼斯（Davy Jones）也是如此。但要说对喷绘燃气罐和转向架的痴迷，没有人能胜过尼尔·杨（Neil Young）。杨与火车模型的情缘始于他四岁那年。那年他的父亲在安大略省的家里摆了一辆马克斯的圣达菲列车（Santa Fe）模型，当时的杨觉得这是世界上最精致的东西了。几年后，他对火车的痴迷更深了，他知道了更值得收藏的模型应该是莱昂内尔的火车模型，这是专业玩家的心头好。十几岁的时候，他得到了人生第一辆莱昂内尔火车模型并在自家的地下室里建造了人生第一个单轨铁路。在接受《经典玩具火车》（*Classic Toy Trains*）杂志的采访时，他说，尽管他的火车模型经常遭受洪水和电击，但是它总会坚韧地渡过一次次难关。

著名火车模型厂商莱昂内尔制造公司（Lionel Manufacturing Company）成立于 1902 年。创始人约书亚·莱昂内尔·考恩

"我才不会戴顶小帽子！"：罗德·斯图尔特欣赏着自己在
比弗利山庄豪宅里的模型。

（Joshua Lionel Cowen）出生于一个来自东欧的犹太家庭，家里除了他还有八个孩子，一家人生活在纽约。在发明了闪光灯、便携式电扇等专利以后，他把目光转向了在商店橱窗里看到的、绕着圆形轨道行驶的镀锡火车模型。这些玩具火车很有可能是由德国玩具公司马克林（Märklin）或其对手公司必赢（Bing）生产的（德国的玩具制造业自14世纪末以来一直集中在纽伦堡，先是生产了发条火车，然后是电动火车，在早期的火车模型行业内占据了主导地位，并一直持续到了第一次世界大战。但是第一个有文献记载的铁道模型却不是德国的，而是法国的，或者至少是由拿破仑三世为他三岁的儿子——帝国的皇太子拿破仑四世掏钱建造的。1859年的一张照片上，在圣克卢宫的私人花园里，一列发条火车正沿着"8"字形铁轨绕过高架桥）。

考恩极尽所能地借鉴德国火车模型的精髓，并抓住了两个良机。一是他抓住圣诞时节的商机，制作了圣诞主题的火车模型；二是他改进了火车模型的推进系统，通过精心设计的变压器将火车连接到正蓬勃发展的城市主电力系统中。他问道："哪个精力充沛的小男孩会对电不感兴趣呢？拥有一个完美的模型玩具老师，还有比这更好的事吗？"（莱昂内尔模型火车的用电由第三轨提供，在当时，这是一种广受欢迎的供电系统，但现在已被大部分制造商舍弃了）考恩还意识到，自己要马上利用火车、铁轨、桥梁等沙盘道具建造"一条装备完全的微型铁道"，以此扩大销路，在美国小男孩的心中植入物欲的种子。

电动火车模型和早期的电动铁轨只是考恩迈出的第一步，他还需要打造更合适的沙盘，以树立起一个利润丰厚的长期品牌。当时市面上可供选择的轨距多种多样 [最初有德国制造商的标准，然后是莱昂内尔公司最早的美国竞争对手艾维斯（Ives）以及英国竞争对手霍恩比（Hornby）和巴西特－洛克（Bassett–Lowke）的标准]，要取各个标准的精华融合成一种新标准非常麻烦，甚至根本无法实现，不过考恩更上一层楼。"哇，这是莱昂内尔的模型！"一个小广告牌上这样写着，吸引那些容易冲动购物的人把模型铁轨边上的沙盘道具买回家。人们必然会在冲动购物后感到后悔，这或许也是一个最早在已购商品中植入广告的例子。但是面对五颜六色的磁牵引得州专列双联内燃机车（Texas Special Two–Unit Diesel with Magne–Traction）以及配套的喇叭、前照灯、喷气发动机，还有同样是磁牵引的 2035 圣达菲内燃机车（2035 Sante Fe Diesel）以及配套的上述零部件，模型爱好者究竟该如何选择呢？

尼尔·杨选了（或者说是他的父亲送了他）一款 2035 圣达菲列车。他说，在买得起其他模型之前，他玩了好几年这列火车模型（这是一列又大又沉的镀锡火车模型，轨距大约有 3 英尺宽）。若干年后，他能买得起自己想要的所有莱昂内尔火车了，他又更进了一步，买下了莱昂内尔公司的股份。他继续研究火车的控制部件，十分希望设计出一款数字设备，从而准确地还原火车经过时发出的声音。他还在网上扮演知心大姐克劳德（Clyde Coil），在莱昂内尔的在线答疑专栏回答模型爱好者提出的问题。例如，很多玩家都搞不明白电压和节流阀该怎样设置，他们就可以这样发问："只能用 18 伏的电压启动车务段长控制器（Trainmaster Command Control）吗？"这时，克莱德 / 尼尔就会愉快地回答道："当然不用啦！任意电压都可启动车务段长控制器，在低电压下可以增强低速控制，而高速控制就稍微差一些。无论电压是高是低，电流都会通过火车指令接收单元（Locomotive Command Receiver Unit）传达到火车发动机，只不过在 15 伏的电压下您能更好地进行低速控制。因此，我们推荐您使用莱昂内尔的 ZW 变压器连接电源，在花园里操作模型时尤其推荐！"显然，写下这些话的"知心大姐"和创作《金子心》（*Heart of Gold*）与《丰收》（*Harvest*）的那位摇滚歌手，就是同一个人：尼尔·杨。

杨在其 2012 年出版的自传《摇滚不死》（*Waging Heavy Peace*）中效仿了一回罗德·斯图尔特，向世界宣告了他对火车模型的热爱。这么做之前他大概也犹豫过。早先他不愿意把自己的喜好告诉乐队成员，这段过去让他怀疑自己是否最好把这个爱好掩藏起来。有一次，杨和大卫·克罗斯比

（David Crosby）、格雷厄姆·纳什（Graham Nash）在录音室中合作录制音乐，休息时，他瞥见克罗斯比看到了自己装满火车模型的收藏室，并给纳什使了个眼色，仿佛在说："这家伙疯了，你看他的癖好多奇怪。"杨说自己不在乎他们怎么看，他需要这个神圣的爱好。他在书中这么写道："对于我来说，这是一条回归自我的路。"

有些人的生活已经足够丰富多彩了，他们为什么还会向往有小火车来回穿梭的生活呢？究竟是什么吸引了他们呢？摇滚明星似乎也和其他成年男性一样对三样东西情有独钟，每年他们在这些爱好上的投入高达5亿美元。人们渴望完全控制自己选择的环境（罗德·斯图尔特主宰了20世纪40年代自己儿时所见的风景；汉堡的布劳恩兄弟想最终控制世界）。人们还渴望通过走进自己创造的景观，短暂地逃离现实世界。尽管是徒劳，但这仍是一种重新审视或重新评价童年的尝试。

杨在回忆录中写道，他现在之所以玩火车模型，一部分是因为他自己，还有一部分是因为他的儿子本（Ben）。本出生时四肢就瘫痪了。"和儿子一起享受建造沙盘的过程是我们最快乐的时光之一。"杨为了照顾手脚不便的儿子，设计了一个带红色大按钮的控制器，看到自己按下按钮产生的效果，本会觉得很受鼓舞。身为父亲的杨看到这一幕也倍感欣慰。杨用来建造沙盘的道具不是商店里现成的桥梁和景观道具，而是从自然界找来的材料，比如当地的红木树桩以及苔藓。在他的想象中，"这条铁路在经济不景气时停运了，后来又遭遇了一场旱灾。曾经由中国工程队辛勤搭建的轨道现已被废弃了"。杨说，制作沙盘的过程为他带来了一种禅意，"使我从嘈杂、音乐、人群以及至今仍困扰我的成长经历中抽身。虽然这个过程并不糟，但也并非都是好事"。

作家罗恩·奥朗德（Ron Hollander）著有一书，记录了莱昂内尔火车模型的辉煌历史。他认为，该公司，或者从广义上说，所有火车模型，都被贴上了标签，成了变幻莫测的成人世界的解药。"不管是称赞这位辛劳的火车工程师为美国英雄，还是将电动火车模型这份礼物等同于父爱，莱昂内尔给复杂社会问题提供的简单解决方案其实都是带有欺骗性的。"奥朗德在书中写道，莱昂内尔的创始人乔舒亚·莱昂内尔·考恩本人远非完美的父亲，他经常打骂儿子或长时间冷落他。奥朗德写道："在玩他的火车模型时，实际情况根本不像考恩在宣传中说的那样美好。对于我们而言不是，对于他而言也不是。"那些在童年时期没有玩过莱昂内尔火车或者现在后悔卖了藏品的现代收藏家（也就是典型的婴儿潮一代），或许也不会有更好的体验。"曾经，莱昂内尔许诺要给顾客一个美满的童年。但现在他提供了一个比永生更好的机会，即一种重新开始的假象。"

奥朗德解释说，当成年人打开装着新火车模型的盒子时，就好像回到了八岁那年第一次打开包装盒的时候，我们的心灵焕然一新，丝毫不受污染。虽然悲伤的情绪会不可避免地出现，但还有一种更为乐观的宽慰方式。在这种情况下，铁道模型再次扮演了一个我们已经在其他模型世界中再熟悉不过的角色。和玩偶屋、模型村庄等其他模型一样，铁道模型也让我们用更敏锐的目光去重新审视一个熟悉的物体，挖掘更多的内涵。尼尔·杨利用铁道模型寻找自我心魔的例子证明了：铁道模型蕴藏着个人的希望，有时还是一种救赎。事实上，模型火车并非总是以一种平稳、简单的方式运行着，它会遇到各种惊险的弯道，遭遇脱轨的困境，还会遭到外行的嘲笑，由此可见，铁道模型多么接近现实生活。通常这就是制造商的意图所在，但买家则会尽力避免这些状况的发生。

寻找遗失的圣迹：亚历克·加勒德（Alec Garrard）和他的耶路撒冷圣殿。

1992 年的小故事：
耶路撒冷圣殿

　　1992 年 8 月，德国小说家 W.G. 泽巴尔德（W. G. Sebald）回忆起自己在古时的东盎格利亚[1]大地上的一次旅程。和他的大多数旅行一样，这一次他也带着往常的忧郁，所见之景多是孤魂野鬼游荡的蛮荒之地。泽巴尔德在《土星光环——一次在英国的朝圣旅行》（*The Rings of Saturn*）这本引人入胜的游记中，有意模糊了自己与故事叙述者的身份，着重从观察视角与规模的角度记述了这场冒险之旅，展现了从远处和高处眺望到的废墟建筑。

　　在这本游记中，泽巴尔德最喜欢两个画面：一个是广袤风景中的孤独身影；另一个是从高空凝视地面的杂技艺人。

1　Eact Anglia，相当于现在东英格兰地区的诺福克郡和萨福克郡。

他还喜欢一个古怪的微缩模型，并在书中讲述了一个有关可食用微缩模型的故事。该模型以 1543 年奥斯曼帝国攻占埃斯泰尔戈姆市的战争为原型，"是一位糖果商为奥地利皇室制作的。据说，当时奥地利女大公玛丽亚·特蕾莎（Empress Maria Theresa）的愁绪反反复复，有一天，她又一次心情不佳，就把这座模型吃了个精光"。吃掉一个战争模型？人类的无所不能由此体现，但还有比这更悲哀的例子吗？

旅程的终点在萨福克郡的某地，泽巴尔德称这里为栗树农场（Chestnut Tree Farm）。农场由壕沟环绕，他在这里遇到了一位名叫托马斯·阿布拉姆斯（Thomas Abrams）的农夫。他是一个模型制作者，一个痴迷的模型制作者。说到这里，你可能会怀疑世界上真的存在不痴迷的模型制作者吗？他在谷仓里用泥土和木头建造耶路撒冷圣殿的模型（耶路撒冷圣殿又叫希律圣殿、第二圣殿、第三圣殿、犹太圣殿、所罗门圣殿，也有人就称它为圣殿）。他的这个爱好已经持续了很长一段时间，有二十多年了。每当他不干农活时，都会去照料这些微缩的围墙、前厅以及成千上万个迷你的雕像，每个小雕像在衣着和特征上都有些粗糙，但是你会缩小到不到一厘米的高度去观察吗？

阿布拉姆斯面临的一个问题是，他一直无法敲定建造方案。每个月都会有某个聪明的历史学家发现一些新的证据，证明历史上圣殿的柱子或中庭究竟有多高，而这势必会改变与之相邻的前厅的高度。不断变化的数据足以让阿布拉姆斯陷入绝望。曾有一位来自美国的福音传教士前来参观他的圣殿（这样的游客还有很多，比如有来自极端正统派犹太教以及耶和华见证人这些宗教教派的信徒），他问阿布拉姆斯是否受到了天神的指示。答案当然是否定的。阿布拉姆斯说："我告诉他，如果上天给予了我指示，我还何需改来改去呢？"

阿布拉姆斯的模型以1∶100的比例建造，长约20英尺，宽约12英尺。泽巴尔德之前见过这个模型，据他回忆，这些年里，这个模型几乎没有任何肉眼可见的变化。但其实，这里发生过一些新鲜事。如今，当阿布拉姆斯再次带着泽巴尔德从高空俯瞰圣殿时，泽巴尔德意外地发现金光闪闪的圆顶清真寺（Dome of the Rock）像极了萨福克郡海岸新建成的塞兹威尔B核电站，而且他还听到了一些关于阿布拉姆斯的精神状况的好消息。过去几年来，阿布拉姆斯的亲朋一直担忧他的精神状况是不是出了毛病，用泽巴尔德直白的话来说就是，他们担心他在这样一间不通暖气的仓库里沉溺于一个幻想世界，并且越陷越深，"整天摆弄这些显然没有意义的模型"，甚至无法像邻居以及全英国的其他农户一样，顺利地向欧盟申请到农业补贴。对模型痴迷到如此地步，是不是有些过头了？后来他的命运出现了转折。有一天，罗斯柴尔德男爵（Lord Rothschild）开着一辆豪车来到这里，提议要将成品模型摆到自己的豪宅里。从那时起，人们才开始对这件模型以及它的建造者生出一丝敬意。后来又来了一位游客，他建议，如果阿布拉姆斯能在离拉斯维加斯不远的内华达沙漠建造一座与实物大小相当的模型，也就是一座真正的耶路撒冷圣殿，那就再好不过了。在这个罪人之州，这座模型将成为一座灯塔，为罪人们指引通向美德的路。阿布拉姆斯的亲朋对他的这座模型又少了一点轻视。

"人们觉得我的模型是有史以来对实物最精准的复原。"托马斯·阿布拉姆斯说道。这倒像是一种声明，因为此前其他人也制作过逼真的圣殿模型。对于喜欢建造模型的人而言，耶路撒冷圣殿一直是圣杯般的存在。圣殿在还未被毁时，就已是人类想象力的丰碑，两千年后，它的遗迹仍然承载着许多历史与宗教的记忆，足以引发各民族间的冲突。古典历史学家西蒙·戈德希尔（Simon Goldhill）写道："它已成为人类追寻遗失理想的最有力象征。我们需要一种特殊的考古研究来重现这座世界奇观。我们不是要挖掘出岩石和灰土，而是要挖掘出沉淀其间的幻想、权术和渴望。"幻想和渴望总是吸引着微缩模型建造者，他们有着完成一项终身挑战的严谨精神，也有着不愿放弃探索的痴迷态度。在制作过程中，他们的家人或许会为此大发雷霆，死神甚至等不及他们完成杰作就提前降临。

但最终我们会有所收获，会明白其实历史上曾有三座圣殿。第一圣殿是所罗门圣殿，它的确切建成日期尚不明确，但是我们可以肯定的一点是，圣殿毁于公元前587年巴比伦人进攻耶路撒冷时。公元前515年，所罗巴伯（Zerubbabel）重建了圣殿，但在公元前167年，安条克四世（Antiochus IV）的军队洗劫了这座圣殿。公元前19年，希律王（King Herod）命人建造了第三座圣殿，但在公元70年再次被毁，这一次终于轮到了罗马人。大多数模型建造者建造的都是第一圣殿和第三圣殿的微缩模型，而第三圣殿其实常被叫作第二圣殿。这样就有了一个问题：如果这些古迹的排序就已经让人混乱了，人们还有望用微缩模型精确地复原它们吗？

早期的复原模型都是根据《希伯来圣经》和《塔木德》[1]中的描述以及1世纪著名犹太历史学家弗拉维奥·约瑟夫斯（Flavius Josephus）的推测建造的。1628年，荷兰拉比雅各布·犹大·利昂（Jacob Judah Leon）用木头建造的圣殿模型是当时最庞大的作品，也是最大胆的尝试，可以与后来托马斯·阿布拉姆斯在萨福克郡谷仓里的模型相媲美。利昂的作品在阿姆斯特丹展出时引起了巨大反响，甚至有人写信向建筑师克里斯多佛·雷恩爵士（Sir Christopher Wren）推荐利昂。后来，模型又在伦敦展出，很快就受到了当时共济会成

---

1 犹太教的宗教文献，记录了犹太教的律法、条例和传统，由三个部分组成，分别是口传律法《密西拿》（Mishnah）、口传律法注释《革马拉》（Gemara）以及圣经注释《米德拉什》（Midrash）。

员的青睐，成为他们第一批地方分会的灵感来源。这时，人们对雅各布·犹大·利昂的称呼已经变成了犹大·利昂·圣殿（Judah Leon Templo）。

1692年，格哈德·肖特（Gerhard Schott）建了一座更大的木质模型。该模型最初摆放在汉堡的一座歌剧院里 [人们现在仍然可以在汉堡的基金历史博物馆（Stiftung Historische Museum）里看到这座模型。可惜的是，它没有被放进微缩景观世界]。模型高13英尺，长80英尺，同样也被运送到伦敦供急切的游客大饱眼福。它就存放于干草市场街区的歌剧院，乔治一世和牛顿大概也前来观赏了（牛顿还就这座模型写了一长篇附有插图的论文）。模型的宣传材料介绍，整个模型由6700根柱子和1500个房间组成，镶嵌着许多金银珠宝，"这个杰作是绝无仅有的"。但这座模型其实有许多竞争对手。神学家、数学家威廉·威斯顿（William Whiston）会定期在科文特花园（Covent Garden）的巴顿咖啡馆（Button's Coffee House）举办讲座。1730年，他在讲座上宣布自己建造了一个可以与之一争高低的模型。一位见过这两个模型的批评家对此十分愤怒，让他不解的是，这两位模型建造者为什么在一样的东西上就不能达成一致呢？

最大的圣殿模型有一个模型村庄那么大，仿造的是大约两千年前希律圣殿时期赭石色的耶路撒冷旧城。该模型由考古学家迈克尔·阿维·约纳（Michael Avi Yonah）于20世纪

60 年代中期按 1∶50 的比例建造而成。他选用的建造材料都尽可能接近希律王时期的材料，如铁、铜、石料、木材、大理石。该模型现在存放于以色列博物馆，位于它复刻的耶路撒冷旧城以西，占地约 1000 平方米。但之前它一直被存放在城区另一边的圣地酒店（Holy Land Hotel），直到 2006 年才被分成 100 份运送到了博物馆内。宣传册详细介绍了模型里令人动容的细节："北边是屠杀场，有大理石桌、柱子和钩子……沿着墙走会经过奥菲勒区（Ophel Quarter）。根据《塔木德》的记载，奥菲勒区地势较高，从最高处俯瞰，'一个拿着长矛的阿拉伯人看起来就像只亚麻虫'。"真可谓微缩景观里的微缩景观。虽然模型的围墙只及游客的膝盖，但是游客也不能进去，只能在模型外围走动参观。

托马斯·阿布拉姆斯这一听似取自《圣经》的名字，其实是泽巴尔德为了不让朋友被新闻报道缠身而取的假名。他的真名叫亚历克·加勒德（Alec Garrard），是农夫、模型建造者，还是循道宗的业余传道人和业余画家。他确实在萨福克郡生活，也确实在自家五十英亩的莫特农场（Moat Farm）的仓库建造了那座模型。2010 年，八十岁的他与世长辞。那时，经过三十年的精心雕琢，他的模型已经基本完成了。或许，他也像上文中那户在客厅里为埃菲尔铁塔模型做最后加工的法国家庭一样，对于他们而言，一件作品在即将完成时才是它最好的状态。就算加勒德能活到上千岁，恐怕他的精雕细刻也永远不会结束。宣告一件大型微雕作品的完成不仅需要做出理智的判断，还需要说服自己放弃对微型世界的掌控。这两种让步极少为各个行业带来好处。在微型世界中，宣告作品的完成还会招致一种可怕的空虚感，模型建造者们还会被迫重返他们不愿面对的现实生活。

照片中圣殿模型旁的亚历克·加勒德就符合模型建造者给人的一贯印象：有点书卷气，在媒体前不太自在，总是在套头毛衣下打着领带。十几岁时，他就开始制作飞机模型和船模了，后来他又对宗教产生了兴趣，于是他又建造了一个宽27英寸、长55英寸的耶路撒冷会幕[1]模型。再后来，他依照犹太教宗教文献《密西拿》中的详细描述，开始建造庞大的希律圣殿模型，他希望这个模型可以成为学生和学者的教具，如果有必要的话，还可以提供一些证据，证明坚持以及投入的价值。他征服了（或者说几乎征服了）一座由神话和人类长久的渴望堆砌而成的高峰，用10万块迷你的黏土砖制作了一块在个人信仰层面上意义深远的丰碑。

根据最近一次的统计结果，加勒德的模型里有大约4000个泥人，全是手工烤制以及手工绘制而成的，有一些

---

1 古代以色列人建造耶路撒冷圣殿之前安放约柜、举行祭祀的可移动帐篷式神圣居所，是圣殿的雏形。

泥人身上还贴了花纹。每个泥人都扮演着特定的角色：有的在祈祷，有的在易货，有的在屠宰，有的在洗衣，有的在辩论，还有的在点油灯。更多的泥人只是在台阶上和有如洞穴般的大厅里闲逛，共同强调着这件微缩模型的尺寸。模型建造者还在模型中设计了16个不同生活场景中的迷你耶稣，并扬扬自得地说："还没有人能够找到所有的人像。"这些耶稣像都具有代表性，因此也像埃及的沙布提俑一样，是具有象征意义的人俑大军里的一分子。但是寻找它们的秘密藏身点可不像是普通的客厅游戏，这体现的是一种对占有欲的追求，这种追求是如此特殊、如此苛刻，甚至只有建造者才能知道所有人像的下落。建造者本人就像是俯瞰着这座圣殿模型的上帝。微雕建造者或许并不会在平日里追求这种上帝般的权力，但若真有这样的好事发生在他们身上，他们或许也不会拒绝。

建筑模型女王：伦敦办公室里的扎哈·哈迪德（Zaha Hadid）。

第七章

未来本是个美好的地方

幻想

西蒙·阿米蒂奇（Simon Armitage）

曾经，未来本是个美好的地方。
还记得市政厅公开展出的
那座设施成熟的轻木模型小镇吗？
那活页素描本，画家的画境，

烟色玻璃和钢管的蓝图，
像棋盘游戏一样的郊区，
像游乐园设施或办公室玩具的交通工具。
城市仿佛梦境，由光照衬托着。

像我们一样的人在自行车道边的

玻璃瓶回收箱旁，遛狗的人

在精心照料过的、毛茸茸的草坪上，

模型司机，正坐在电动汽车里

行驶在回家的路上，还有艺人，在夜间演出后——

漫步在大街上。他们是规划中的一部分，

全出自建筑师灵巧的左手——真实清晰的字迹。

我在垃圾填埋场的北风中，

把未来扯出来，印上今天的日期，

它和其他这样的未来一起随风飘去，

都不存在了，都消失了。

[摘自《霸王龙与穿着灯芯绒的小孩》

(*Tyrannosaurus Rex Versus the Corduroy Kid*)，2006 年]

想自己动手打造一座意大利别墅吗？首先，你需要三把刀：第一把刀的刀片要长，刀刃要直；第二把刀的刀尖要利，可以细致地雕刻建筑的装饰物；第三把刀要有弧形刀刃，用来打造圆弧和各种曲线。其次，你需要一把钢质丁字尺、一个能黏合和压平东西的压平机、山毛榉或梨木砧板，以及一张奶油色的"蜡笔纸",纸张的质地要坚实但不能过硬,也不能太软,否则会吸收过多糨糊,还要容易上色,使它画起来更像砖墙。

这张清单出自 T.A. 理查森(T. A. Richardson)的《纸雕艺术》(*The Art of Architectural Modelling in Paper*,1859 年)。这本书在当时算是首创的微雕纸艺教程。理查森在柴郡有一家生意红火的建筑事务所。他注意到自己的许多学生在建造模型上都需要一项特别的指导,在他看来这是决定事业成败的关键因素。他宣称,只要有耐心和合适的工具,任何人都可以掌握这项技能。他在书中提供了许多技巧,其中包括他对墙壁或屋顶的强度和结实程度提出的建议,比如建造时可以使用"一层、两层、三层甚至更多层材料"。

他用了整整五十页来撰写该如何建造迷你别墅("学生必须仔细设计建筑的每张立面图,从地面线到建筑顶端的所有结构都要画清晰"),尽管理查森不能保证建造这些模型就会让你成为一位建筑师,但他书中复杂的指导步骤却能让你明白,若想要成为一名建筑师,你确实需要拥有发自心底的渴望。

值得一提的是,理查森也承认,在建造模型时,会有这样的情况:或许前一个问题刚解决,后一个问题就接踵而至了。最好的例证就是一个知名的经典微雕建筑模型——克里斯托弗·雷恩爵士建造的圣保罗大教堂大模型(Great Model of St Paul's Cathedral）。该模型由橡木、石灰木和灰泥制成，涂有铅灰色和石料的颜色，有的细节镀了金，整件作品的造价约 600 英镑。是的，光一个小小模型的造价就达到了 600 英镑左右，在 17 世纪，这笔钱足够在肯辛顿买下一栋豪宅了。模型的建造时间共计 2000 多个小时。1674 年 8 月，模型建成二十三年后，教堂首次举行了礼拜。模型的建造比例是 1∶25，高 4 米，长 6 米，像一座微雕界的丰碑（不过这并不是查理二世最初提出的尺寸。他原本希望可以在模型中随意走动，但最终教堂内部的高度只及他胸口，教堂的圆顶在他头顶，光线只能透过外墙缝隙隐约照亮耳堂，要视察内部构造只能俯下身子）。这座模型被称为大模型（Great Model），光从名称上就可以区别于最初的设计。如今在圣保罗大教堂内仍然可以看到这座模型。不过建造这座模型的不是雷恩，而是他的木匠威廉·克利尔（William Cleere），教堂的圆顶则是由查理二世御用的泥水匠约翰·格罗夫（John Grove）制作的，柱子以及天使、雕像、花环等装饰物都出自克利尔的兄弟理查德之手。英国皇室在委托书中明确规定了建造的细节（"整件作品的建造过程要遵循一套固定不变的指导原则"）。雷恩认为该模型是他最精细的作品，既体现了精致的细节，又令人印象深刻。

得知模型没有通过审批时雷恩肯定很难过。虽然历史上没有官方记载为何重建委员会（由官员和神职人员组成）没有通过他的设计方案，但有一点可以确定，是政治和宗教原因拖累了他。评审人员认为他的模型太过复杂，体现了过多现代欧洲元素以及天主教元素。模型的尺寸和细节可能也对他不利，因为他留下的想象空间太小。很明显，我们现在所熟知的圣保罗大教堂的最终设计方案，与这个模型大不相同。中央穹顶不再由柱子支撑，而是由底下两层鼓形座支撑，经典的希腊十字形布局也被一种更对称也更华丽的设计取代了。

从一本18世纪的家庭回忆录中，我们看到雷恩决定从此"不再做模型了……他吸取了教训。他知道这不过是在浪费时间，而且还要把作品交由无能的评审做定夺"。所以，后来他提交的设计多是纸质的，而且在漫长的建造过程中，设计方案不断发生着变化。他后来也确实托人建造了教堂某些部分的模型，也意识到了建筑的价值在于它的适应性与流动性。在此后的三百年里，刻板建筑与不羁想象力之间的无常平衡，一直挑战着无数建筑师。

2006年秋，我去建筑师扎哈·哈迪德在伦敦克莱肯韦尔的办公室拜访她。尽管她在建筑界享负盛名，设计了许多令人惊叹的建筑，也获得了多项大奖，但在英国定居的这二十六年来，她还从未在英国建造过一座建筑。她对我说："这太荒谬了。我不明白他们为什么不选我的设计！我实在想不通。从来没有人特意找上门来告诉我："他们不希望你留在这里……'"

不过这种怪现象很快就要改变了。她设计的一小栋漂亮的建筑即将在苏格兰法夫柯科迪镇的维多利亚医院旁落成，届时这栋建筑将用作癌症患者的休养中心。哈迪德的建造灵感来自朋友玛吉·凯西克·詹克斯（Maggie Keswick Jencks）。她的建造理念很简单：她们要建造一栋建筑，远离医院压抑的氛围，从而改善病人的精神状况。在理想情况下，建筑里的视野要十分开阔，而且病友可以在建筑内的某块区域一起思考和讨论最新的护理选择。詹克斯于1995年因癌症逝世，在去世前的一段日子里，她希望病人在这样一家休养中心里感受到的生活乐趣可以帮助他们克服对死亡的恐惧。用现代主义建筑界很少使用的一句话来说就是，她希望人们能在这里感到自己被建筑"拥抱"着。

在扎哈·哈迪德的办公室里，我听到了她的解释。她说她正在打造一个"人们可以放松的地方"。苏格兰邓迪市的弗兰克·盖里（Frank Gehry）、伦敦的理查德·罗杰斯（Richard Rogers）、曼彻斯特的福斯特及合伙人建筑设计事务所（Foster and Partners）等顶级建筑师及建筑公司也建造了各具特色的玛吉医疗中心（Maggie's Centre）。不过哈迪德似乎遇到了一个极为复杂的挑战——这个休养中心的建造地点距离医院的停车场非常近。

不过她完美地解决了这个问题。她把休养中心建在一片绿地旁，不规则建筑外形的一角伸入绿林，以一种蔑视的姿态背离医院。建筑外层是黑色的水性聚氨酯，无缝折叠的钢结构寓意着细胞分裂前的状态。透明玻璃墙内是一片白色，内里的曲线和斜坡与建筑外部刚毅的直线线条以及向外延伸的外悬屋顶形成对比。建筑整体再次体现出一种象征意义：严酷的现实会被干净舒适的环境和顽强的精神软化。哈迪德告诉我："我认为从根本上说，建筑实际上就是要带来幸福感的。人们走进你设计的每栋建筑都应该感到舒服。"

当然，用模型来体现这些理念是很难的。我感觉，哈迪德在职业生涯刚起步时就已经意识到自己用泡沫和刨花板展示的东西和她在现实生活中要建造的作品一定会存在差异。这就解释了为什么与大多数建筑师相比，她的设计往往十分抽象：爆炸式的线条与锐角尖顶极致张扬。批评家因此争相寻找新的解读角度：她的作品是建构主义的、解构主义的，还是后结构主义的？因为她既反对传统，又身为女性，所以她的支持者（包括她本人）都质疑她能否在男权当道的建筑界得到信任。在皇家美术学院夏季展（Royal Academy Summer Show）上，扎哈·哈迪德建筑事务所是常驻的参展队伍，她的作品逐渐从建筑展厅移到了主展厅，以更轻浮、更张扬的特点出现在人们眼前。早年时，她曾有些沮丧地承认自己的作品或许是种艺术，因为几乎没有一件设计能够最终走进工地。她很早就强调过建筑模型对建筑师这一职业的价值，她在这一点上是绝不会动摇的，所以她的模型仍旧是她留下的最主要的遗产。

经过多年的构图、建模和想象，当她的建筑作品终于横空出世时，这些建筑不禁爆发出了充盈的动感，就像不受她控制的创造物。这些建筑还不由自主地展示出深重的哲学意义：在精密复杂的图纸上投入的诸多理论与观察，终究会在现实世界中以宏大的规模层层展现。

哈迪德出生于伊拉克，却成名于伦敦的建筑联盟学院（Architectural Association）。别人都有些怕她，就好比人们会对特立独行的天才产生恐惧一样。2006 年，我前往她在伦敦的办公室拜访她时，感觉到她身上既有一丝傲慢又有一分贵妇人的特质。她的性格特点和物理知识都非同一般，任何一位建筑师都会从她身上有所收获。当她拿起一座未完工的高塔模型解释某个问题时，这座模型就像沙丘上的一根树枝一样立在她的手掌上。

几个星期前，她在法夫设计的休养中心刚刚建成，但却要领我看她之前的画板，和我一起回忆构思这件作品时的点点滴滴。最早的设计图纸都很抽象，后期才逐渐出现精准的效果渲染图。这座休养中心的几个模型大多由纸板和有机玻璃制成，这些材料更能体现建筑的动感。但即使这些模型是印象派的作品，也着实太过抽象了。有一件模型不过是一堆层层叠叠的纸板，意在强调它的下方是一片肥沃空地；另一件模型则强调了自然光的流动性。模型都是经典的哑光白色，而真正的建筑上却覆盖了一层金刚砂，会在阳光下闪闪发光。模型的比例通过站在边缘的几个人像体现出来，人像也都喷有白漆，还有一些人正在模型里面锻炼身体。

　　哈迪德指着纸板模型的一个锐角说："当时的想法是这栋建筑应该悬在边缘处。整个建筑的外观就像是叠起来了一样，像一张卷起来的包装纸。这里的这些形状（她指着那些三角形的开口，翘起来的地方就类似落在屋顶歇脚的小鸟）是采光开口……内部的墙体是曲面的……你可以在这里向护士咨询问题，在这里上一堂放松身心的课。这里是洗手间，这里是图书馆，这里是主厨房，厨房里有一张大桌子，你可以在这里喝茶，和坐在这儿的其他人聊天。"

　　即使这座建筑有着尖角形的外悬屋顶，但其实这栋建筑并不是使她声名大振的反重力前卫代表作。事实上，人们在回顾她的职业生涯时，常常会忽略这座建在法夫的作品，因为这和她后来设计的恢宏建筑相比就像是一个微不足道的小项目。这是她在英国设计的第一栋建筑，它就好像是她自己想要的一间小房子，房子中心有一个功能齐全的厨房，室内是现代化的家装。从治疗的角度来说，这栋建筑"抓住"了它的住客。

　　哈迪德和她的同事用模型和模型的照片向客户、赞助人

悬在边缘处：已成形的玛吉医疗中心。

以及要负责施工的承包商介绍她们的设计方案。她也以此向更习惯听口头介绍的来访作家解释自己的想法。我根本想象不出，若不是这些小小的模型，法夫的玛吉中心将如何建成。但我却不难想到，对于哈迪德和她的团队来说，把宏大的实物缩小成这么丁点儿大的模型究竟是怎样一种妥协。因此，在设计其他作品模型时，卡纸和纸板仅仅是辅助工具，除了她的同事之外，很少有其他人看到。让我印象深刻的一件作品是1998年她为芝加哥伊利诺伊理工学院中心（Illinois Institute of Technology Center）设计的模型。模型由一大叠纸片构成，大多数纸片都在一个平面上，只有几张纸片朝着观众的方向往外凸，构成垂直的长方形或棱锥形，就像一副洗得不太整齐的巨型扑克牌。1914年出版的《建筑实录》（*Architectural Record*）杂志中有一句评语放在当今仍然适用：精细的模型"不要求人们发挥想象，同理，这样的模型并不是艺术品"。

数个世纪以来，建筑模型的材质在不断发生着变化。文艺复兴时期的人们用红木，19世纪的人们用石膏，而今天我们用精炼的塑料。人们也看到了一种哲学上的演变，从20世纪60年代的现实主义转变得更为抽象、更具启发性。但不管在什么时代、用什么材质，模型所传达的内容都是相似的。我们喜欢可以捧在掌心仔细查验的东西，我们喜欢可以一眼看透的东西。把庞大的建筑尽收眼底，观察它在不同光照条件下的百变模样令我们心满意足。我们欣赏万物诞生之初那小小的模样，也欣赏这样一种观念：在建筑师们扮演洞察世间万物的上帝之前，我们这些兴致勃勃地参加展览或开放日的旁观者，也想化身为把这些小东西尽收眼底的上帝。

批评家卡伦·蒙（Karen Moon）在其包罗万象的《模型资讯》（*Modeling Messages*）一书中引用了挪威裔美国当代建筑师彼得·普伦（Peter Pran）的名言："每个人都能看懂模型，这就是模型的美。手绘设计图和三维计算机渲染图都有强烈的吸引力，但模型可以与每个人交流。"最重要的一点是，模型表达的是理想的建筑，而不是现实的模样。虽然建筑模型可能也像铁道模型那样，不能以正常的大小建造起来，但是它们却玩转了世界。

这些年来，随着扎哈·哈迪德的名气越来越大，她的诸多粗犷奇特的模型作品也越发珍贵，因为它们就像几道小缝，可以让人们一探她那激情饱满的内心。哈迪德曾渴望创造许多新奇的建筑，而这些建筑模型则成了这些憧憬真实存在过的唯一证明。比如她设计了海牙的荷兰国会大厦配楼（1978年，未实现）、都柏林的爱尔兰总理府（1979年，未实现）、伦敦特拉法尔加广场系列建筑（1985年，未实现）、汉堡的码头（1986年，未实现）。未来本是一个美好的地方。

1997年，旧金山现代艺术博物馆举办了一场扎哈·哈迪德中期作品回顾展。展览没有用照片，而是用了长卷轴样的画作来呈现她的作品。其中一段介绍说她"设计的建筑看起来像要爆炸似的",所以,即使是在纸上欣赏也感觉它们危险重重。当然,2006年我去拜访她时,也就是她在六十五岁因心脏病离世的十年前,她就已经不再是一个"纸上谈兵的建筑师"了。随着莱比锡的宝马工厂和沃尔夫斯堡的费诺科学中心的建成,她既受到了赞誉、得到了认可,也制造了许多争议。当时大部分人对她作品的印象仍停留在"尖刀"时期,这一时期的作品看起来像是孩子拿着一套崭新的几何画具堆砌而成的未来主义作品。她还没有建造出能够体现她特色的"曲线"时期的建筑。最能体现流动曲线的建筑是她为2012年伦敦奥运会设计的水上运动中心、伦敦蛇形画廊以及北京的望京SOHO。她后期的图纸更加宏伟,要想建造模型都看似难以实现,更不用说实际建造了。不过,当它们最终以模型呈现时,纸张和卡片已经完全无法体现出在电脑上最初成像时的效果了。模型大部分是由外部的专业公司用现代材料制成的,通常是聚酯纤维、金属丝、金属板和哈迪德偏爱的透明或喷砂亚克力板。总有一天,其中一些非凡的模型会变成真正的建筑,届时,现实世界就能光明正大地宣称终于追赶上了哈迪德的想象。

把世界装进拉斯维加斯：拉斯维加斯大道上 1999 年开业的巴黎酒店。

1998 年的小故事：
拉斯维加斯迎来了全世界

　　20 世纪末，正值权力巅峰的亿万富翁、酒店大亨斯蒂芬·永利（Steve Wynn）问了我一个有趣的问题："如果我们要建一家酒店，而且这家酒店不受时代的局限，一定、肯定、绝对是这颗星球上有史以来最迷人典雅、最美轮美奂的酒店，即使是约翰内斯堡人或新加坡人看了都要赞叹'这是一个奇迹'。那么，这样一家酒店应该会很了不得吧？"

　　理所当然。斯蒂芬·永利在这一构想的基础上建造了百乐宫酒店（Bellagio），这是他度假时去过的一个意大利村庄的浓缩版。百乐宫酒店是拉斯维加斯从荒漠小镇向会议中心，再向家庭度假胜地转型，以及最后成为豪华度假村这一进程中的最新举措。在百乐宫，优雅是它的主旋律。人们在酒店入口处就能感受到这一点。那里有著名的音乐喷泉，水柱会随着莫扎特和维瓦尔第的曲子翩翩起舞。百乐宫的优雅还体现在那间储藏了价值三亿美元的印象派杰作的美术馆里，这是拉斯维加斯这座沙漠城市中的独特一景。百乐宫的一切都比其他高档酒店更奢华、更时髦、更华美。酒店仿造的是意大利北部科莫湖（Lake Como）旁一座可以追溯到公元前400年的小村庄，游客入眼的是一幅优美的欧洲画卷 [酒店并不过分计较呈现出的究竟是欧洲哪个国家的文化，这里有西班牙特色餐厅毕加索（Picasso）和法国特色餐厅马戏团（Le Cirque），但它们并不会轻易掩盖这里的意大利风情，就好比哥伦布出发去寻找蛤蜊意大利面的同时也一定会看到法餐]。

　　拉斯维加斯这个地方把世界的精华浓缩到了一座小城当中。大约在20世纪80年代，开发商意识到，酒店能提供的不仅是赌场以及廉价的住宿，他们还可以提供更好的服务，让从赌桌上下来的游客体验一次神话般的遁世之旅。所以一家家小型的度假酒店纷纷开张，有的装修成险象迭生的公海海域，上演起海盗大战（金银岛酒店）；有的装扮成古埃及（金字塔外形的卢克索酒店）；有的以亚瑟王传奇为主题（有着塔楼和帝王争霸赛的石中剑酒店）；有的就像一片热带雨林（有着许多天堂鸟的曼德勒海湾酒店。另外，对于这座亚马孙河流域风格的建筑而言，不同寻常的一点是，这里还有镀锌台面的伏特加吧台，而且吧台的前面竟然是一座列宁雕像）。

这些酒店主题都正中消费者下怀，所以，吸引足够的投资建造一个以整座城市为主题的酒店只是时间问题。投资者相信，如果无须踏出国门就可以体验到异域风情，游客（尤其是美国游客）会更有安全感。于是，1997 年，第一座城市主题的酒店出现在了拉斯维加斯大道上，这就是纽约纽约酒店。酒店里建起了现代化的微缩曼哈顿，一条康尼岛式过山车穿梭于酒店内外，另外，酒店前还有一座与实物相差无几的微缩自由女神像，美国邮政局甚至信以为真，没有使用真正的自由女神像的照片，而是把微缩模型的照片做成了邮票。两年后，威尼斯人酒店也在拉斯维加斯大道落成。酒店里有威尼斯总督府、漂着贡多拉小船的运河、迷你的圣马可广场（拿破仑曾赞叹圣马可广场是"欧洲最美的客厅"，而这里的圣马可广场则更像一个小厨房），酒店里的每间餐厅都少不了几位操着内华达州口音的领班服务员。几个月后，巴黎酒店也开业了。酒店里建有一座只有原型一半高的埃菲尔铁塔（这当然是必不可少的），塔腿横跨进赌场。除此之外，这里还有一个微缩的凯旋门，你可以在凯旋门下吃一份法国经典的苏赛特可丽饼（crêpe Suzette）庆祝拿破仑的英勇凯旋。当对微缩建筑的渴望延伸到了整座城市，在背后激励建造者的究竟是什么呢？至少有一种狂妄。还有一点好奇心，以及从仿建中得到的成就感。

如何理解拉斯维加斯的微型世界呢？如果你多和几个在拉斯维加斯安家的人聊天就会发现，他们中的许多人会认为欧洲是虚幻的，而拉斯维加斯才是真实的。当地电视台把百乐宫的开业视为一种高水准的优雅。开业当天，一档电视节目的主持人说："去百乐宫肯定比去意大利容易得多。"他的搭档则回答说："不过今晚可不是。今晚，拉斯维加斯大道一定非常拥堵。"

当然，大多数游客来拉斯维加斯的目的仍然是赌博（或者，借用商人的话说，是"博彩"，他们坚持使用这种称呼方式是为了把贪婪的赌博行为描述成一种需要战术的竞技活动）。截至 2016 年的统计数据，《福布斯》估算斯蒂芬·永利的净身价已达 27 亿美元，这些收入几乎全部来自赌场和酒店。20 世纪 60 年代，永利来到维加斯重建了几家老式的酒店。在重建的过程中，永利偶尔会愉快地按下按钮，亲自炸毁那些老式酒店。后来他创建了金砖酒店、金银岛酒店、金殿酒店，他的事业随之蓬勃发展。金殿酒店以波利尼西亚为主题，酒店内的小火山每晚会喷发两次，周末会喷发三次（喷发过程当然是由机械控制的，不过还是建议游客朋友们不要在人行道上等待）。

1998 年 11 月，我和永利聊过一次。伴随音乐喷泉飘扬的亨德尔乐曲（在拉斯维加斯，水是力量的主要象征），他对我说："我知道伦敦人、巴黎人和香港人都是什么样的。

他们想要的东西和锡拉库扎人是一模一样的。他们想去度假，想走进一个奇幻的环境，也想享受美餐。无论是英国人还是中国人，他们闲聊的话题都非常相似。每个中国人都会说'我们去伦敦旅游吧？我们去巴黎旅游吧'。"在永利看来，每个现代人都在追求精神富足，所以他要打造的酒店不仅要满足游客的本能需求，更要触及他们的灵魂。

在百乐宫，滋养灵魂的是这里的艺术作品。不久前，在拉斯维加斯，离艺术最近的地方还是里伯仑博物馆（Liberace Museum），但现在，拉斯维加斯迎来了真正来自巴黎的印象派艺术。永利在拉斯维加斯大道上张贴了一张史无前例的广告，宣传语是这样写的："凡·高、莫奈、雷诺阿、塞尚即将登场。另有特邀嘉宾毕加索和马蒂斯前来亮相。"人们很快就称该展览为"给我看看莫奈的画"（Show me the Monet）。

用绘画装饰酒店的想法完全源自另一个艺术时期的画作。永利想："在前台摆上一张卡拉瓦乔的画作岂不绝妙？"他觉得这是"对酒店大堂的极佳描述，会给顾客带来难忘的问候。再想想看，在天花板上挂上丁托列托和提香的画"。但他很快发现自己遇到了一个问题。"我在学校里学过一些艺术史，我很喜欢艺术史。但是我忽略了一点，过去这些画家的出资人所持的宗教信仰与拉斯维加斯是矛盾的。我会让自己还有公司陷入大麻烦。"后来，永利发现其实自己最喜欢的还是印象派时期的作品。"你知道我为什么不喜欢雷诺阿的画吗？"永利问我，"原因很简单。他的画就好像少女文胸，也像我们的第一辆三轮自行车。"在德高望重的纽约画商威廉·阿奎维拉（William Acquavella）的帮助下，永利用了两年半的时间在拍卖行和私人收藏品中找到了合适的画作打造出如今的百乐宫美术馆（Bellagio Gallery of Fine Art）。美术馆由两个铺着天鹅绒的小房间和一家礼品店构成，离喧闹的赌场只有几步之遥。

永利带我参观了他的藏画。画廊以及高档的毕加索餐厅里有几幅非同寻常的上等佳品，还有一些作品，用已故的艺术批评家罗伯特·休斯（Robert Hughes）的话来说就是，"能让任何一座博物馆眼红"。休斯还说，在百乐宫的观赏体验是如此奇幻，足以让你整个周末都想待在那里。

"这是凡·高一生中最成功的一幅单人女性画，"永利站在《麦前的农妇》（Peasant Woman Against a Background of Wheat）前说道，"这幅画是凡·高于1890年6月底在一家旅馆后面的麦田里画的，它可以与《蒙娜丽莎》相提并论。"这幅画价值4750万美元，而来自中西部的大批游客只要花10美元买张门票就能欣赏到这张画，永利为此感到欣慰。他觉得自己把世界缩小了：人们不用出远门就能遍览世界各地的名画。

我们这次见面之后，摆放在百乐宫里的那些画作就被渐渐撤走了：有些出售了；有些被永利放到了其他的餐厅和新开业的永利酒店（也称拉斯维加斯永利高尔夫乡村俱乐部）。永利酒店看起来像是镀了一层金，但它不是以某个城市或某种文化为主题的度假村，或许更确切点说，永利酒店确实体现了某个主题，只是这个主题就是拉斯维加斯这座奢华的城市。近几年来，拉斯维加斯也迎来了一批新的酒店，如大都会（Cosmopolitan）酒店、林尼克（Linq）酒店、维达拉（Vdara）酒店、阿里亚（Aria）酒店、德拉诺（Delano）酒店。这些酒店重现了过去拉斯维加斯的奢华模样，不过比起从前的酒店，它们倒不俗气，反而更具魅力了。而永利的事业则遭遇了打击。2018 年初，他被几名前雇员指控性侵，随后辞去了永利酒店的首席执行官一职。

现在流行的是全套房酒店以及豪华的特朗普酒店。许多新开的酒店都以拥有普拉达、爱马仕的精品店以及法拉利的经销门店为宣传卖点，有没有赌场甚至已经不重要了。将世界其他地区设为主题建造酒店的想法似乎已经在拉斯维加斯消失了。尽管百乐宫、巴黎酒店、威尼斯人酒店的生意仍旧红火，但拉斯维加斯却再没有类似的主题酒店了。例如，没有一个开发商计划打造以伦敦为主题的酒店，游客没机会看到装扮成狄更斯笔下扒手的酒店演员、迷你的大本钟，也听不到玛丽·包萍（Mary Poppins）那浓重的伦敦口音了。人们又一次对英国这个古老的国家失去了兴趣。

拉斯维加斯为什么会停下建造主题酒店的脚步呢？或许是因为有些欧洲国家的首都面临着棘手的移民危机和恐怖主义威胁，游客一想到这些以及二者之间可怕的联系恐怕就不寒而栗了。又或者，游客在终于依依不舍地结束了 24 小时自助餐之后，更愿意看到的是真实的世界。但有些习惯是改不掉的。在永利酒店的开幕式上，酒店方再次宣传了自己对精雕细琢的追求："米开朗基罗花了四年时间才绘制完西斯廷教堂穹顶的壁画。而大家的房间是我们花了五年时间才建造完成的。"

不沉战舰：菲利普·沃伦（Philip Warren）和
他于 1956 年及 2017 年制作的战舰模型。

第八章

完美的爱好

2017 年 5 月 20 日，星期六，英国海军舰队遇到了一场灾难，美国、苏联、德国、法国、意大利和西班牙的舰队也都没能幸免。因为，就在这一天早上九点整，住在多塞特郡布兰福德的某文具批发公司前主管、八十六岁的菲利普·沃伦——朋友们都亲切地叫他菲尔，由于操作方面的原因，决定收官，这一天是他最后一次向公众展示他那壮观的火柴舰队模型。至少，当地的新闻媒体是这样报道的。

自 18 世纪以来，布兰福德玉米交易所（Blandford Forum Corn Exchange）一直是各种农产品交易骗局的发源地，后来这里也举办过市长的晚宴舞会和几场小摆件促销会。这个周末，整整两天的时间里，这里摆满了铺着蓝色台面呢的桌子。

桌子上陈列的舰队阵容十分壮观，对于刚进船模圈子的人来说，甚至有些不可思议了。沃伦先生共制作了476艘战舰，几乎一半都陈列于此。展出的有各种规模、各种功能以及各种国籍的战舰，可以说，1945年以来各国海军使用过的各类战舰都有一艘在这里。这些模型主要以英国皇家海军战舰为主，不过美国的四艘超级航母以及几艘装载着飞机的巡洋舰也充分展现了美国海军的实力。展览上还有用火柴棍搭建而成的炮塔、发射器、锚链、常规导弹以及核导弹。几乎所有的模型都被漆成了灰色，其中就有乔治五世国王级战列舰（HMS King George V）、比斯特号（HMS Bicester）、新泽西号（USS New Jersey）、佛瑞斯塔号航空母舰（USS Forrestal）、追踪者号（HMSTracker）、铁公爵号（HMS Iron Duke），当然，还少不了M级驱逐舰无敌号（HMS Matchless）。光是这些熟悉的名字就足以让那些俯身欣赏船模的人们潸然泪下。菲利普·沃伦的火柴战舰模型都是平底的，所以人们可以眯起眼睛，想象着它们漂浮在平静海面上的样子。展示桌旁就是布兰福德模型铁路俱乐部（Blandford Model Railway Club）的索姆河战役景观模型。

沃伦先生也在现场。他那浓密的白眉下是一双锐利的眼睛，此刻他正在浏览着一段段往事和数据。大件模型可能需要一年的时间来建造，小件模型则需要几个月的时间。建造一艘小型战舰，他要用掉1500根火柴，而建造一艘大型军舰，则需要5000根。在他的船模建造生涯中，他总共用掉了将近70万根火柴。

他将自己成年后的黄金岁月都献给了火柴战舰模型。1948年，他发布了蝎子号模型，那一年他才十七岁。他早期的模型还十分粗糙，不过随着不断练习以及不断向资深火柴模型爱好者取经，他渐渐掌握了该如何弯曲和黏合细小的木料（既包括火柴棍也包括火柴盒侧面的木材）。起初他一直坚持用1∶300这个比例建造模型，所以当他制作出一艘3英尺长、装载着格鲁门F-14"雄猫"的现代航空母舰时，早期那些巡洋舰和护卫舰相比之下都显得小了。令人惊喜的是，沃伦竟然还原出了F-14战机的变后掠翼。"你真正需要的是耐心。"他说，这是显而易见的，但他还是花时间又强调了一遍，"欲速则不达。你要非常有耐心，不能发脾气也不能急，否则你的模型就要遭殃啦。"

沃伦先生说他的爱好其实很常见，或者说在他开始接触船模时，制作船模算是当时的一项大众爱好。"那时候，每个男孩都在做模型，"几周后，他在电话里告诉我，"当然，火柴是非常、非常常见的材料，每个人都在用。"沃伦也做过飞机模型还有用橡皮筋弹射的滑翔机。"后来我把这种热情转移到了战舰模型上。我记得当时我旁边有一个受潮了的火柴盒，我突然意识到，这真是一块完美的木材啊。我那时候觉得我用这种盒子做模型的热度三分钟就会消退。但结果并不是，你看现在我做了这么多模型。"

沃伦的舰队之所以与众不同，在于它的意义和规模。他的舰队有大有小，就像许多专业的微型作品一样。他说："我完全是在无意中展现了军舰的历史。"

沃伦先生此前不止一次地讲述自己的往事："一件有趣的事是，我的父亲过去是布兰福德英国军团俱乐部（Blandford British Legion Club）的管理员，我们一家都住在那里。还在上小学的时候，我的一项任务就是在大家聊完天、打完牌之后打扫卫生。每张桌上都会留下一堆用过的火柴和一两个火柴盒。所以我就有了现成的制作材料。后来，大家都知道了我的爱好，就开始帮我收集火柴。所以我总是不缺火柴。"

沃伦从不抽烟，因此也没必要买火柴。"就像我刚才说的，我的街坊邻居总是会为我攒火柴和火柴盒。我拿到这些火柴盒后会把它们放进消毒水里浸泡，揭掉商标纸，再用金属压床把火柴盒压干。有一天我突然发现，其实他们给我的火柴盒大多数是用硬纸板而不是用木材做的！我当然感到了恐慌：'我的爱好要走到头了啊！'那会儿还是 20 世纪 80 年代，不过幸运的是，我遇到了我的贵人，保住了自己的爱好。

当时的人们还流行收集火柴盒上的商标纸。有一次我在办展览时，一个小伙子找到我，他说自己是某个收藏协会的秘书，收藏了6万张不同的火柴盒商标纸，他发动了全体协会会员收集火柴盒，为我带来了几大袋木盒子。还有一个人打电话给我，说自己正在清理叔叔过世后留下来的房子。花园里有一个大纸箱，里面装满了木质火柴盒。他的原话是这样的：'要不是今天早上在收音机里听到了你的故事，我大概就把这堆火柴盒烧了！'"

在展览中，沃伦用简介牌为游客介绍军舰建造的不同阶段。简介牌上写着："制作过程除了火柴棍和火柴盒，什么都不用。"在接受采访时，他说其实并非如此，因为镊子、砂纸、水泥、尺子、剃刀和帽针（用来打孔）也是必不可少的。火柴的尺寸并不统一，这么多年接触下来，他发现火柴缩水了。但是他现在也并不特别在意自己使用的是什么火柴了，就算是模型店里卖的大塑料袋包装的火柴棍（只有木棍，末端没有硫黄），他也不介意。他说唯一的小缺点就是："要浪费许多砂纸把火柴打磨平整。"

用砂纸打磨火柴棍是每位火柴模型建造者使火柴相互协调的一个过程。对于唐纳德·麦克纳里（Donald McNarry）而言也是如此。2010年麦克纳里去世时，公众都视他为当时世界上最富有经验与成就的模型建造师之一。当时《每日电讯报》（*Daily Telegraph*）为他撰写的讣告称他建造的船模甲板"总是以微缩的尺寸铺得很平整"，看到这样的评价，他大概会深感欣慰吧。

麦克纳里的模型尺寸从"小型"（1∶16）到"微型"（1∶100）不等，除了身为一位模型爱好者之外，他还是一位纪事作家，出版和发表了诸多有关船模的作品。他是模型建造者最好的朋友，每当你的胶水涂得不够薄或者不确定下一步要做什么的时候，你总能从他那里得到帮助。其他船模作家出版的图书更关注细节，如《船模索具的艺术》（*The Art of Rigging*）、《船模铺板技术》（*Planking Techniques for Model Shipbuilders*）（封面介绍上是这样写的："自古，铺板就是船模制造中最重要却鲜少被提及的一个环节，至今仍然如此"），但麦克纳里更注重全局。他的畅销书《微型船模》（*Ship Models in Miniature*，1975 年）为梦想成为半专业船模建造师的爱好者提供了合理的建议，还教他们如何与税务工作者谈论自己的爱好。（制作船模究竟是娱乐，是商机，还是二者兼而有之？究竟是从什么时候开始，模型这样一种玩具竟然成了展览级的教具？）麦克纳里还想知道一点，在教人制造船模时，究竟是以小时数收费合理，还是以船模数收费合理呢？

在必要时，麦克纳里先生一定会使用火柴，不过平时他也会用轻木、木柴、象牙、铜、金属丝和棉布（用于制作帆布）等材料。他会遵照客户的要求制作军舰，不过平常也制作其他船模，如葡萄牙卡拉维尔帆船（约 1500 年）、荷兰 pinasschip 船（约 1652 年）、殖民时期的美国单桅帆船（1742 年）以及阿基米德号螺旋汽船（1838 年）。让他最引以为傲的是英国皇家六炮游艇基钦号（1670 年）、美国快速帆船猎犬号（1850 年）和德国四桅大帆船塞西尔公爵夫人号（1902 年）。

他做的水线船模型（像沃伦制作的那种没有船底的船模）都被放在立体透视景观中。景观里的天空乌云密布，战舰行驶在波涛汹涌的海面上。但他也会制作完整的船模，然后将其固定在底座上。麦克纳里先生也是一位船模修复师。博物馆需要修复 18 世纪的东印度船或 19 世纪的明轮船时，就会给他打电话。他自己建造的模型现在摆放在史密森尼博物院以及安那波利斯市的美国海军学院博物馆。他说自己特别喜欢研究拿破仑战争中士兵们制作的"粗糙但诚意满满"的模型。

他的智慧涵盖了从实践到哲学的各个方面，或许适用于大多数的微型制作案例。他写道："当然，制作诀窍是要周复一周、年复一年地在船模上花最多的时间。其实这并不难，因为这项工作非常吸引人。对某件事情的自律需要人们对这件事得心应手，而外界正在变得越来越不合人们心意。"我想起了萨默塞特·毛姆（Somerset Maugham）所说的另一项安静的爱好："养成阅读的习惯等于为自己筑起一个避难所，几乎可以避免生命中所有的灾难。"把制作模型当作一种爱好就像是一剂镇静剂：不管发生什么，业余爱好都是业余爱好者可以认定的事。

麦克纳里认为人们之所以对他的模型喜爱有加，一是因为船模本身就是美好的东西，二是因为精致复杂的物件总能赢得人们的喜爱。他发现，模型越复杂、越精致，喜欢它们的人就越多。但为什么是模型呢？麦克纳里先生并没有从模型上看到多少积极因素，他在他的文章中用一种令人耳目一新的方式直白地发问。他制作的船模很少使他满意。他写道，自己始终过着"穷困的生活"，基本没有得到物质回报。现实常常让他明白："船模是无用的东西，它们唯一的优点在于它们为模型的持有者精准地再现了船舰的原型，并为他们带去了长久的乐趣。"

麦克纳里是一名注册会计师，退休以后才有了足够的时间把曾经的业余爱好彻底转变成一种"专业的"痴迷。他为自己的晚年生活做好了严格的规划（早上八点到下午一点用于制作船模，中午休息一会儿，下午两点半到晚上七点半继续制作船模。一年五十二周，一周七天，天天如此）。他的午餐十分简单。他的妻子艾里斯已经过世了。

沃伦先生在布兰福德论坛上宣布，自己还未彻底放弃船模。"报纸上说这是我的收官展览，但其实后续还会有一些，只是场次不多了。"他觉得外出办展是件麻烦事，最终到达目的地以后还要再花费四五个小时整理。他说现在视力已经不如从前了，画起画来有些吃力，不过好在他的双手依旧很稳。因为模型易碎，所以他在外出时会把所有模型都装进自己亲手打造的几个木箱子里。他告诉我说："我把252个模型都放在布兰福德的家里，我落脚的地方都没有了。前几年我的妻子不幸离世，所以我现在和儿子儿媳住在一起。我们设法找了一间带配屋的房子，我就住在配屋里。"

我好奇他去世后这些模型该何去何从。"我不知道。我希望能放到某个博物馆里去。但是这笔费用可不小。它们不能像现在这样随便放在桌子上，暴露在空气中，我们必须考虑湿度、温度以及其他各种因素，然而大多数博物馆都没有足够的空间和资金。所以事情有些棘手。"不过，他的儿子或许可以提供些支持。"有一次他在帮我布置展览时跟我说：'爸，我很想自己动手做模型。'从我的角度来看，这显然是最好的结果。因为他和这些模型一起长大，他知道该如何包装模型，也对这些模型的去向了如指掌。"

我和沃伦先生谈得越深入，就越羡慕他的生活，或者说，至少越羡慕他的爱好。毕竟，他有一种真正的爱好，一种虔诚的信仰，这是一种对井然有序、不受打扰的超然生活的信仰。他的爱好似乎既有积极的一面，也有消极的一面。这么多年来他始终保持着一种对微雕艺术的喜爱，是该说他始终如一还是该说他闭目塞听？他是与社会脱节了还是达成了极高的实际成就？沃伦先生说这只是一种纯粹的快乐。

欣赏这些船模本身也是一种快乐。这不是一种近乎混乱的激情，不像沃尔特·本杰明（Walter Benjamin）认为的那样，折磨着全体爱好者。相反，这是有序的，是理智的。他那令人震撼的展览（这场奇观本身就是一种奇观）会让人联想起法国电影《晚餐游戏》（Le Dîner de cons）。电影讲述的是一帮自命不凡的有钱人约定要各带一个傻瓜参加晚宴。他们的本意是利用傻瓜娱乐自己，结果情节的发展如莎士比亚的作品一样戏剧化，这些自命不凡的人反倒成了被傻瓜愚弄的对象。影片上映于 1998 年，一上映便票房大卖，引起了广泛讨论，被翻拍成多国版本，其中就包括史蒂夫·卡瑞尔（Steve Carell）主演的好莱坞电影《笨人晚宴》（Dinner for Schmucks）。在这一版本中，傻瓜做了许多老鼠玩偶造景。他把老鼠玩偶装扮成各种历史人物，如蒙娜丽莎、本杰明·富兰克林、威灵顿和拿破仑。在法国原版电影中，傻瓜也是一个模型建造师，但是他比较传统，制作的都是微缩的著名地标模型。他制作过不会沉的木船、小型的协和式飞机，还有一个用 346422 根火柴搭建的埃菲尔铁塔模型。参加晚宴的人都笑话他的作品毫无意义，但是他在自己的小世界里获得的乐趣或许比他们都多。

"生活在阁楼上的精神病人的领地"：查普曼兄弟手下的麦当劳叔叔。

2016 年的小故事： 伦敦艺术家

"基本上滑落到这里的人都不开心，他们被肮脏的铁锈割伤……一大堆人在哭泣，很明显他们都在寻找救援，因为在地狱里，没有人会真正死去，有的只是日复一日的折磨。"

迪诺斯·查普曼（Dinos Chapman）描述的模型是用木材、树脂和胶水等旧式材料制作的一座螺旋滑梯。滑梯摇摇欲坠，色调灰暗，像是恐怖电影中阴沉天色下的游乐场或集中营里的东西。模型被装在一个盒子里，之后会被放入陈列箱。九个类似的玻璃陈列箱将按照类似万字符的图案排列在由支柱撑起的展览台上。啊，伟大又古老的现代艺术！迪诺斯·查普曼身材高大、积极乐观。在哈尼克的工作室里，他俯视着这座螺旋滑梯模型，温和的嗓音似乎掩盖住了模型中的恐怖景象。模型底部躺着几百具变形的尸体和几百截断掉的四肢，大部分都是纳粹，但其中也不乏麦当劳叔叔。这是英国科幻小说家赫伯特·乔治·威尔斯在书中警示过我们的战争神殿（Temple of War）。这个模型有意夺走了微缩模型带给我们的愉悦。

因为人们已经熟悉了查普曼兄弟的风格，所以他们那些惊世骇俗的作品也都不如从前那般令人难以接受了，如成堆沾满血污的尸体、工业化造成的宗族灭绝、长在脸上的生殖器、坐在悬崖边的轮椅上的霍金，还有他们买回来随意涂鸦的戈雅（Goya）的蚀刻版画和阿道夫·希特勒的水彩画。一旦人们接受了你作为惊悚艺术家的设定，就会习惯于你的作品风格[杰克·查普曼（Jake Chapman）说，从来没有人真正承认过自己看到他们的作品时会像看到卡尔·安德烈（Carl Andre）的砖块艺术那样震惊；他们觉得观众应该对他们的作品感到震惊]。少了震惊，一种施虐狂的幽默和一种带有目的性的抗争倒显露了出来。人们用畏惧的眼光观赏着，但人们确实看在眼里了。

查普曼兄弟的作品共有三种尺寸：墙面大小的印象派蚀刻和绘画、真人大小的树脂人体模型以及微雕模型。他们的微雕有许多值得人们细细品味的细节，放在大点的作品上甚至都有些多余了（或许也常常被人忽视）。这些作品需要人们仔细观察，它们的成功不仅建立在雕刻的精准与复杂之上，还建立在制作意图上。对于查普曼兄弟而言，这些微雕艺术品既是对平庸日常的思考，也是用大规模工业化生产还原人类苦难的一种方式。我们总认为纳粹集中营给人类带来的恶行罄竹难书，但对于纳粹而言，这种程度的罪行或许还不值一提。查普曼兄弟还说，他们用作品展现的不是大屠杀，而是复仇，因为，现在轮到纳粹遭殃了。"把东西放到玻璃后面增强了观众窥探的欲望。"他们如是说道，仿佛把艺术家需要肩负的部分责任转移到了观众身上。作品的尺寸越迷你，我们的探寻就越深入。通过观察，我们把自己与作品联系在一起。

迪诺斯·查普曼在接受BBC《艺术家整天都在忙些什么？》（*What Do Artists Do All Day?*）的节目组采访时说，这些模型"是由你可以买到的各种小零件做成的，不过我们在原有的基础上做了许多修改"。他们买了6万个玩具士兵，然后破坏、拆解它们，就像孩子在无聊时拆毁玩具那样。"损毁这些玩具士兵让我们觉得自己就像上帝一般无所不能。"杰克·查普曼说，仿佛意在说明，操纵人的能力——无论人有多小，哪怕是用塑料做的——依然是一种能力。

"地狱微型景观"（hellscapes）并不是查普曼兄弟合作的第一件作品。他们通过《战争的灾难》（*Disasters of War*，1993年）进入公众视线，他们受戈雅创作的蚀刻画（1810—1820）启发，通过塑料模型再现了拿破仑入侵西班牙时的屠杀画面。虽然在普通的玩具箱里看不到诸如献祭、斩人首级、刺穿肉体、赤身逃跑、用斧头砍人、与巨鸟恶斗、难过至极的婴儿、用柱子固定颈部转动身体等场景，但是查普曼兄弟的桌面摆件模型却与传统的塑料玩具模型类似。许多人物模型都是从玩具店里买来的，然后再用热刀切割，涂上血迹，用吉他琴弦穿起来，嵌在聚酯树脂底座上，再在底座上撒上沙砾，总共83个独立的微缩景观都嵌在各自的底座上，所有模型加在一起，可以围成一个直径大约2米的圆，相当于一张大号的床，是拉斯维加斯大道的1/3500，地球到月球距离的0.000000005倍，拿破仑身高的1.2倍。

当然，小小的东西也可能需要很长的制作时间，或许还会让你抓狂。2003年，查普曼兄弟制作了一套象棋。作品的风格一如从前，只不过尺寸更小了。棋盘的一端是留着直发的粉色人形棋子，另一端是梳着非洲爆炸头的棕色人形棋子。人形棋子的鼻子和嘴巴的位置都有一个窟窿，鼻子的造型与男性生殖器类似。棋盘上的士兵呈单膝下跪的姿势，国王和皇后身上都背着一个人。这个棋盘是一件精巧的作品，可爱且不吓人，唯一吓人的地方大概就是查普曼兄弟制作该作品时耗费的时间了。每当被人问起是否从这个模型中有了新收获时，迪诺斯·查普曼总会说："当然有收获，我知道自己再也不想做这种东西了。"

他们近来的作品一直围绕着地狱场景这一主题，象棋模型不过是换换口味而已。杰克·查普曼看着工作室里最近制成的一件地狱模型时承认，这项工作确实很可笑，他们有必要给聘请的助理换点别的事干。因为，让他们花上几周时间给工作室里2000个迷你的麦当劳叔叔的袖子涂上红白条纹，他们一定会抓狂的。他说："如果这件作品的主题是地狱，那么不仅是作品的内容呈现出了地狱的景象，对于制作人员来说，整个制作过程也是一种地狱般的折磨。制作过程需要各种各样的技能和技巧，但这些技能和技巧本身又是毫无价值的，与前卫的艺术也毫无联系。这里不过是生活在阁楼上的精神病人的世界。"

2004年，发生在伦敦东区艺术作品仓库莫马特（Momart）的那场著名大火贴切地还原了他们的人间地狱模型。大火烧毁了仓库里所有的艺术品，其中就有出自艺术家达米恩·赫斯特（Damien Hirst）、特蕾西·埃敏（Tracey Emin）、克里斯·奥菲利（Chris Ofili）、帕特里克·赫伦（Patrick Heron）之手的诸多作品。查普曼兄弟在公众面前表现出的情绪更偏向于开心而不是难过。他们很快就决定复原自己能复原的作品，也就是说，他们不是仅仅想要复原自己的作品而已。查普曼兄弟总是对篡改他人的作品和大规模生产的过程十分感兴趣，他们认为艺术的独创性既不可能也没意义，所以他们认为自己也可以动手复原仓库里其他艺术家的作品。不过，他们在重新缝合、安装了特蕾西·埃敏的帐篷作品《每个和我睡过的人》（*Everyone I Have Ever Slept With*）之后就收手了，因为他们觉得这样做实在毫无意义。不过他们倒是重建并改进了自己对地狱的幻想，这就是雕塑装置群《该死的地狱》（*Fucking Hell*）。后来，这一组雕像又通过九个玻璃箱组成的系列作品《欢乐终结》（*The End of Fun*，2010 年）得到了阐释，其中包括在鲨鱼群里划着独木舟的麦当劳叔叔以及几个在画架上画画的希特勒。2012 年，查普曼兄弟又推出新作《一切罪恶的总和》（*The Sum of All Evil*，2012—2013 年）。这一次，作品里出现了更多的麦当劳叔叔和纳粹，还有许多恐龙、僵尸及尸骸。后来，《像猪一样生活和思考》（*To Live and Think Like Pigs*，2017 年）问世，还是同样的基调，不过更加极端。我们大概永远也摆脱不了他们的模型了。

杰克·查普曼认为，无论模型的尺寸是大是小，它们都可以清晰地呈现阴暗的悲观主义和无情的虚无主义。查普曼兄弟称，自己不会停止创作地狱模型，也不会停止篡改戈雅的作品，这两者都是他们最成功的作品，也是他们最伟大的里程碑。迪诺斯·查普曼在谈话中强调过这是一项杂活，但是身为艺术家，这是他们应该做的。在所有的地狱模型里，穿着纳粹军服的人偶频繁出现在各种大屠杀中，比如一座没有尽头的螺旋滑梯、一座不停喷发的活火山场景中都有纳粹的身影。由于较小的模型尺寸以及俯瞰的视角，我们会觉得自己可能以某些方式造成过这些卑劣的场景，这个想法让模型的威力更进了一步。没有其他现代艺术家通过类似的微雕作品达到过如此发人深省的效果。

瑞秋·怀特里德（Rachel Whiteread）阴森的模型《地方（村庄）》[*Place (Village)*] 陈列在伦敦的维多利亚和阿尔伯特童年博物馆。整套作品由 150 个相互间并不协调的小房子组成，小房子坐落在由茶叶箱和水果箱叠建的两个山坡上。怀特里德用了二十多年时间才收集到了这些小房子，她觉得这些模型非常有趣，是用来承载记忆和家族历史的好物。房子里都亮着灯，但显然并没有人居住，留给观众一种忧郁、不安之感。观众可以开动脑筋，想出不同的故事，提出不同的疑问，这里并没有固定的答案。

还有一个问题要问查普曼兄弟：为什么作品中有这么多迷你的麦当劳叔叔呢？麦当劳餐厅、汉堡、汉堡神偷、麦当劳叔叔是查普曼兄弟地狱作品里的一大特色。他们于 2001 年制作的 *Arbeit McFries* 现收藏于伦敦的泰特美术馆。*Arbeit McFries* 或许是 21 世纪现代艺术中最棒也是最糟的一条双关语了[1]。模型里有一座被炸裂的麦当劳餐厅，屋顶上是一群鸷鸟；（全是由木头、金属、树脂、塑料刷漆制成的，没必要再提醒这一点了吧？）一个麦当劳叔叔被钉在一个十字架上，他的脚下是一地的头骨，另一个麦当劳叔叔正在破旧的

1　*Arbeit McFries* 是德语 "arbeit mache frei" 的谐音，意思是 "劳动使你自由"。这条标语曾挂在各个纳粹集中营的入口处，最臭名昭著的就是奥斯威辛集中营。

游乐设施上保持平衡，汉堡神偷坐在一辆连着原始穴居人洞穴的燧石车里，金拱门标志由四根獠牙两两相抵拼成，餐厅的字母标识是用骨头拼成的。

对于杰克·查普曼而言，现代社会已经病入膏肓，而快餐连锁店是一条实用的评判基准。"我们把麦当劳当作从工业化转变到世界末日的标志。"（第二章吉米·考蒂模型《暴乱余波》同样也充斥着麦当劳的标志。）杰克·查普曼曾经很赞成麦当劳回收烹调油为大众提供廉价燃料的想法，认为这是实现人人平等的一种举措。现在他利用模型表现臭氧层的损耗以及"一个爱打官司、失去幽默感的麦当劳叔叔"的形象。

兄弟俩似乎是自然而然地做出了一系列"不开心乐园餐"模型。这些模型在麦当劳开心乐园餐的包装上蚀刻出地狱景象，本该赏心悦目的绿色山谷里出现了许多怪诞的画面，比如泰迪熊和麦当劳叔叔的内脏都从体内喷溅而出，就像小男孩每次暴怒时幻想出的阴暗场面。盒子里并没有食物，当然也没有玩具（玩具就是已经覆灭的纳粹）。

不只查普曼兄弟，还有其他艺术家也颠覆了游戏与娱乐或者玩具与第三帝国之间的关系。1995年，波兰艺术家比格涅夫·利伯拉（Zbigniew Libera）写信给乐高公司，希望对方为他的新作品提供一些积木。乐高公司很热心地帮了忙。所以，一年后，当作品问世时，利伯拉便可正当地对外宣称

（虽然这样做有些狡猾），这件作品是由"乐高公司赞助的"。不过，乐高却并不乐意，因为，利伯拉利用他们的赞助搭建了一个集中营。

利伯拉使用的制作材料有些是现成的，有些是经过修改的。制作指挥官的零件来自海盗，警察局变成了集中营，车库变成了刑讯室。模型中的一切都是干净、朴素的，甚至雅致得让人难以接受。不过表面的文明之下其实掩藏着可怕的真相。在我们普遍认知中的乐高积木总是让我们想起儿时的美好记忆，而集中营模型中一个个瘦弱的身躯在武装警卫的指挥下被带向死亡的景象则会让人倍感恐惧（营地被铁丝网包围着，另一个警卫正在瞭望塔上喊着指令）。就像弗朗西斯·格斯纳·李鼓励观察者仔细观察她的凶案现场模型一样，利伯拉也鼓励我们近距离观察这个集中营模型，鼓励我们辨认出模型要表达的可怕绝境。我们也不禁赞叹这种简单明了的艺术手段，以及利用娱乐作品获利的巧妙灵感。

这件艺术品被分装在七个盒子里，里面放着组装集中营所需的零件。那些为利伯拉站队声援的人称，玩家可以根据自己的喜好决定自己想要搭建的东西，集中营不过是几千个选项中的一个而已。但是乐高方面的律师以及持反对态度的公众可不会被这种说辞愚弄，因为包装盒上明明画着成品图：一间把电极移植进囚犯大脑的房间、一个致命的"淋浴区"。（从前，孩子们买回塑料积木以后会不知道应该搭建什么，但是这样的日子已经一去不复返了，因为乐高早就已经把想象力与娱乐业紧密结合在一起了。如果你买了一盒在外包装上印着银河护卫队触手怪飞船的乐高玩具，那么，将盒子里的积木拼成一艘小型宇宙飞船或一辆汽车而不是触手怪飞船，显然没有意义。这个道理同样适用于在包装盒上印有集中营图案的积木。）

乐高曾试图向法院起诉利伯拉，但公众和媒体对利伯拉艺术完整性的拥护迫使乐高放弃了诉讼。后来，纽约的犹太博物馆购买了这一套玩具，并于 2002 年与查普曼兄弟的几件地狱模型一同展出。有人认为，这些模型可能会鼓励观众从新的角度思考暴行：虽然模型的尺寸缩小了，只不过像玩具那么大，但它带来的恐惧感非但不会减轻，反而还会加剧。通过仔细审视这些模型，这些人们熟悉的恶行变得更容易理解，也可能会变得更加费解。不过，从模型的大小来看，这些恶行或许也是可理解的。

"让我兴奋不已，让我心潮澎湃"：1967 年，劳伦斯·奥利维尔爵士
（Sir Laurence Olivier）与丹尼斯·拉斯登（Denys Lasdun）的
国家剧院（National Theatre）。

第九章

梦剧院

从一张拍摄于 20 世纪 60 年代中期的照片中，我们可以看到一个类似垃圾场的地方，但其实，图中的"垃圾"都是建造伦敦国家剧院时废弃的模型。照片里的轻木和纸板堆得高高的，人们似乎可以在其中找到几排半弧形的阶梯座椅和几间截断的包厢，但大部分都只是碎片和边角料。你能从这张照片上看出相关人员为国家剧院付出的诸多时间和精力。如果你知道建造剧院的曲折历史，那么你还能看出这张照片背后英国人的保守与不屑。不过，经过多年不断的妥协和谈判，一座伟大的建筑最终还是建成了。

这座建筑的设计师是丹尼斯·拉斯登，模型的建造者是菲利普·伍德（Philip Wood）。国家剧院毗邻泰晤士河南岸的皇家节日大厅（Royal Festival Hall），虽然拉斯登因为这座野兽派建筑得到了广泛赞誉（与抨击），但毫无疑问的是，这座引人注目的建筑之所以能通过审批并最终建成，在很大程度上要归功于它的模型建造师，因为他打造了一个出色的三维视觉辅助模型。劳伦斯·奥利维尔爵士是国家剧院董事会中极具威信的成员之一，也是剧院的首席艺术指导。他不是那种能够理解抽象主义建筑美学的学术专家，也看不懂复杂的建筑图纸，但用轻木打造的建筑模型则起到了另一种作用。他在 1965 年给拉斯登的一封信中写道："我睡不着，你向我们展示的精美模型让我兴奋不已、心潮澎湃。哦，天哪，如果政府不马上通过审批，不马上宣布并赞扬这项工作，我想我应该马上放弃这里的一切，这就去皮特凯恩群岛[1]上啃香蕉！"

在漫长的商议期内，奥利维尔始终带着这份欣喜。其间，模型的各个部分被一一拆解开，统统得到了不断的细化与完善，甚至细致到了楼梯和栏杆上的每颗铆钉。本来为歌剧院规划的一个重要部分被拆除了，剧院的建造地址也换到了泰晤士河边上。这两个改动带来的影响在模型中都清晰可见。剧院的三大剧场分别是扇形布局的奥利佛剧场（Olivier Theatre）、矩形布局的利泰尔顿剧场（Lyttelton Theatre）以及灵活布局的科泰斯洛剧场 [Cottesloe，如今的多夫曼剧场（Dorfman）]。这三大剧场都接受了各个角度

1　Pitcairn Island，位于太平洋，是英国在太平洋地区唯一的海外领地。

的严格检查（如今，想要如此仔细地观察这座剧院仍不是奢望：因为最终敲定的模型现在就摆放在英国皇家建筑师协会位于伦敦波特兰坊的总部）。1976年，国家剧院开演。起初，这座建筑的设计为观众带去的震撼甚至超越了建筑内的演出。

演员安德鲁·加菲尔德（Andrew Garfield）、内森·莱恩（Nathan Lane）和丹尼斯·高夫（Denise Gough）正在利泰尔顿剧场的舞台两边候场。这一天是2017年5月4日，星期四，托尼·库什纳（Tony Kushner）的《天使在美国》首映。这是20世纪的伟大剧目之一。不过它面临的问题是，它还能在21世纪保住自己伟大经典的地位吗？

开场独白后，首先登场的是内森·莱恩，他扮演自大的纽约律师罗伊·科恩（Roy Cohn）。（他打了好几通电话，言语间满是强势。他把整个宇宙视作一场夹杂着玻璃碴的沙尘暴。）下一幕的主角是丹尼斯·高夫扮演的哈珀·皮特（Harper Pitt），一个精神失常、终日以孤独和安定为伴的摩门教徒。（她说："所有的一切都在崩塌，谎言浮出水面，防御系统垮塌。"）下一幕安德鲁·加菲尔德饰演的普莱尔·沃尔特（Prior Walter）告诉他的爱人自己的手臂上长了一块恶性红疹，可能是患上了艾滋病（"我是一个病变患者……我病变了"）。这一切都发生在开场后的二十分钟内，接下来的剧情扣人心弦，在上下两场近八个小时的表演中，观众眼前的场景一直在切换：曼哈顿、南极洲、布鲁克林、盐湖城、几套公寓、几间办公室、一家酒吧、一家餐厅和一间病房，以及最终的天堂。在六十幕场景中，观众看到了舞台上的世界在真实与想象之间不断转换，遇见了鬼魂和幽灵，这一切都真实发生在观众眼前。人们不禁要问，这怎么可能呢？这当然要归功于精湛的演技以及卓越的指导。另外，这一切还有伊恩·麦克尼尔（Ian MacNeil）的功劳。

在这部备受好评的剧目开演几周后，麦克尼尔坐在剧院的一个小房间里讲述了这出戏的诞生过程。十四个月前，剧中演员只不过 2 英寸高，整个剧院也就是一个大号的帽盒那般大。模型里的演员模型与故事发生的背景，即 20 世纪 80 年代的美国毫无关联，相反，它们倒像是英国复辟时期的喜剧人物，人人都戴着大卷发，穿着浮夸的衣物。但是，在这一群人中间，也有一个特立独行的人物。他比旁人身形更瘦、色调更灰，也更现代化，穿着一件剪裁得当的长外套。麦克尼尔说："我总喜欢用这个模型，他有点抽象建筑的味道。我觉得他应该是个美国人。"

麦克尼尔现在五十多岁，是一位经验丰富、成就卓著的剧院设计师（或用美国人的说法，是一位"舞台"设计师），另外，他还是一位纯粹主义者。英国皇家法庭、伦敦西区和许多百老汇剧目都是他的成果，他凭借百老汇音乐剧《跳出我天地》（*Billy Elliot: The Musical and An Inspector Calls*）的舞台设计获得了美国戏剧领域最高奖——托尼奖。但他在设计《天使在美国》时遇到了诸如设计复杂性、观众参与度等方面的问题，不禁像其他创作天才一样开始怀疑，这部剧会不会就是他的耻辱柱？他说："只有假想自己会搞砸这场演出，才能保证演出的顺利进行。这与演员上台前会焦虑到呕吐是一个道理。做好最坏的打算，才能达到最佳的效果。"

设计师负责把控舞台节奏，既包括演员的动作，也包括表演的时间点。除此之外，设计师也要考虑呈现给观众的视角，需要像画家在画布上引导观众的视线一样，设计视觉焦点和特写镜头。麦克尼尔说："我认为人们对舞台设计师的工作存在误解。戏剧是连续的，会演上很长一段时间。要让观众心满意足地坐在一个位置上保持七个半小时不离场是很难的，坦白说，光依靠演员的台词根本办不到，至少在利泰尔顿剧院办不到。虽然剧中的大半台词都如诗般华丽，但它所呈现的必须是故事。"

在设计之初，麦克尼尔遇到的困难是他手上的材料只有编剧写的剧本。"这出戏成于极简的舞台布景和快速的场景转换（不切光！），"托尼·库什纳在剧本的开头这样写道，"魔幻般的时刻……要得到充分的展现，要像是奇妙的戏剧幻觉。也就是说，就算电线露出来了也无妨，甚至还是件好事，但与此同时，戏剧带来的魔法该是极为惊艳的。"他笔下的魔法指的是一本突然起火的书、一节通往天堂的阶梯以及一位天使的现身，诸如此类。除了唯一一次切光以外，麦克尼尔和导演玛丽安娜·埃利奥特（Marianne Elliott）基本上完全遵照了库什纳在剧本中做出的舞台指导。

刚开始，他用迷你的办法模拟舞台。他先是像往常一样在纸上打出草稿，但很快他和助手吉姆·加夫尼（Jim Gaffney）就决定换一种方式更好地阐释自己的想法。他们搭建了一个传统的模型箱，在箱里放入实际存在的或者想象中的主要建筑。麦克尼尔一边抽插分布在箱上不同位置的薄纸片一边解释说，这个箱子和平常人家自制的木偶剧院没什么不同。他常常利用这个箱子做试验、做示范，用他的话来说，现在这个模型箱已经"破得不能再破了"。正因为有了这个小箱子的帮助，麦克尼尔才既能够展示他那气派的舞台布景，又能找到解决特殊困境的详细方案。

麦克尼尔着迷于剧中令人极为兴奋的巴洛克风格，这不禁让他联想到 19 世纪的法国大歌剧（grand opera）。他看过伊沃·范·霍夫（Ivo van Hove）在阿姆斯特丹导演的一部低成本作品，该剧的舞台基本是光秃秃的，一台唱片播放机播放着鲍伊的歌曲。他因此有了一种重新审视整部作品的欲望，至少有几个时刻确实如此。开场时，演员站在舞台前端靠近观众的区域，利用传统的布景和道具表演，然后，一旦剧情推进到高潮部分，演员就会把舞台后方的空旷区域呈现给观众。麦克尼尔称这部作品为"表面的极简主义，实则集大成也。它向你呈现一幕幕舞台布景，但又突然把这些全收走"。通常来说，麦克尼尔会从小处开始精雕细琢，希望能让观众在离席时留下最深刻和最难忘的印象。

从模型中我们可以看出，开场时演员们处于三个旋转的同心光圈里，随后光圈逐渐向舞台的侧面和背面退去，渐渐消失，展现出舞台后方的广阔空间。一块是个不知名的区域，一块是盐湖城，三个光圈内的演员走进彼此的区域，就像一幅文氏图。过了一会儿，出现了令人惊喜的一幕：舞台的最前方突然升起一块狭小的平台，并被布置成病房和公寓的模样。接下来还有两个惊喜：一个被霓虹灯包围的独立的梦幻世界赋予了这出戏不同的视觉冲击；一大块闪光的金丝制品从天花板上垂下来。麦克尼尔称它为龙虾。他说："我学到了一点，如果你要做的东西既大件又复杂，还很笨重、烧钱，会惹得每个人都不愉快，那么你最好从小模型着手，并给它取个可爱的昵称。只有当你和其他人都喜欢上这个东西时，他们才会配合你。"（这里的"他们"指的是麦克尼尔所能预知的全部障碍，尤其是经费和布景搭建工。）

他通过 Skype 向托尼·库什纳展示自己的模型，他还记得当时自己有多么紧张。他说："作家不一定擅长打造视觉效果，况且制作模型箱与大量的建造人员打交道完全不是一回事。我们总是在开始时认为制作模型箱是一桩难事，但是我们仍对其抱有希望。这是搭建模型的乐趣所在。不过这也是一种虚假的安全感。"

我问他在提交最终版模型后的几周和几个月里是否做出了很多妥协。他告诉我说："天啊，当然。这真的非常非常困难。如果你是一个演员，你要是觉得自己的排练效果不尽如人意，你大可以回到剧场里，努力做到更好。但是，制作模型可不一样。我非常痛苦，因为我不可能没完没了地一直修改模型。所以，当你不得不敲定一个最终版模型时，你会觉得有一把枪抵在你的脑门上。我只能将就了。接下来的几个月里，我一边看着这个模型落地成形，一边不禁在旁边咬紧了嘴唇，因为我又有了更好的想法。"

尽管麦克尼尔有才华也获过不少奖，但很少有业外人知道他。这也是意料之中的事情，因为大部分和模型箱做伴的人都只想待在自己的小世界里。只有埃斯·德夫林（Es Devlin）是特立独行的，不过你也很难举出其他例子了。她不仅是世界公认的最令人兴奋和最受欢迎的设计师之一，还是唯一一个跨界为美国歌手坎耶·维斯特（Kanye West）、爱尔兰摇滚乐队 U2、美国歌手碧昂丝、纽约大都会歌剧院、LV 公司、2012 年伦敦奥运会闭幕式提供设计方案的舞台设计师。她也创造过诸多奇观。她的作品通常以巨型和微型两种元素为特点[她曾在阿黛尔演唱会上，把一双放大了无数倍的眼睛当作背景屏幕，还曾把麦莉·赛勒斯（Miley Cyrus）演唱会的登台口做成一条巨型舌头。即使演唱会从严格意义上说并不算剧场，但却剧场味十足]。德夫林的作品几乎都诞生于她在伦敦的办公室里，那时还是迷你模型盒、由树脂或者卡纸制成的小型雕像，但是它们不仅展现在了舞台上，更留在了人们的记忆里。无论她的设计会历久弥新还是会随时间消散，无论建成的模型是否已经损毁并被当作垃圾堆成一堆，她的布景都已经在观众的脑海里留下了印记。

德夫林在英国东萨塞克斯郡的中世纪古城莱伊（Rye）小镇度过了七年的童年时光，这段岁月对她产生了深刻的影响：她的第一个孩子就叫莱伊（Ry）。在这座小镇上，德夫林第一次看见了一座规模庞大的微缩模型，这里也是她的视觉幻想的发源地。在小镇中心附近的莱伊文化遗产中心（Rye Heritage Centre）里有一座以 1∶100 比例建成的莱伊小镇模型。她回忆道："模型讲述的故事都十分吸引我。我记得应该有一则鬼故事、一则寓言，还有一则屠夫宰杀母马的故事。从那时起，我开始把故事与模型联系起来。"她当时住的房子也在模型里。一支 Netflix 纪录片小组前来取景拍摄她小时候的成长环境，他们在纪录片中利用后期特效把缩小后的德夫林放进模型，她看起来似乎坐在自家的三角墙上。她说，她的心神仍然在那些街道和房屋模型上流连。她认为，要了解一座城市的历史和运作方式，最好的方式就是从高处俯视。她说："俯视的时候，你可以轻轻松松地看出门道。"

2018 年 3 月初，马修·洛佩斯（Matthew Lopez）在伦敦新维克剧院为他雄心勃勃的新剧《继承》（*The Inheritance*）举行了全球首映礼。这部剧记录了三代同性恋者的生活，以及他们传给子孙的责任。此剧致敬了 E.M. 福斯特（E.M. Forster）的《此情可问天》（*Howard's End*）以及托尼·库什纳的《天使在美国》。它与《天使在美国》一样，也分为两场，每场都长达三个多小时。该剧的舞台设计是鲍勃·克劳利（Bob Crowley），舞台指导则是斯蒂芬·达德利（Stephen Daldry），他与伊恩·麦克尼尔曾搭档多年。

第二场快结束时，场景转换到了纽约上州。瓦内萨·雷德格雷夫（Vanessa Redgrave）首次登上舞台，她扮演的是玛格丽特·艾弗里（Margaret Avery）。玛格丽特此前之所以会搬到这里，是因为那时她得知自己因患艾滋病而奄奄一息的儿子正在这里度过生命的最后时光。有一幕是她带着另一个角色参观儿子去世时居住的地方，向对方讲述这座房子的历史和意义。在最初的剧本中，这间房子应该是功能齐全的，但是在首映时，舞台几乎是空的，而这间房子不过是一个点着柔和灯光的玩偶屋，里面满是想象中的灵魂。设计师工作室里的模型成了舞台上的布景造型，而达到的效果却十分成功，在场的许多观众都被感动得落泪了。

"我们不要做一堆垃圾产品"：维特拉设计园（Vitra Campus）
里值得收藏的纪念品。

2017 年的小故事：
德国的迷你设计椅

如果你是一位设计迷，那你一定不会对 Design Addict 这个网站感到陌生。这是一个为家具、照明、餐具和配件设计师而建的网站。你或许还对这个网站活跃的读者论坛有所耳闻，因为该论坛引起过白热化的辩论。世界上大概少有比愤怒的设计师更有趣（或更精英主义或更愤懑）的人了。几年前，论坛的一个话题引发了设计师们的争论，情绪激动的设计师们在这个话题下方共留下了 77 条言辞激烈却又错字百出的评论。这个话题就是："维特拉设计园的设计椅模型是一堆徒有虚名的垃圾吗？"

事情的背景是这样的。维特拉[1] 是知名的家具制造商，

1　Vitra，源自单词"vitrine"，指的是陈列用的玻璃橱窗。

生产了 20 世纪最著名的一些椅子 [设计出自查尔斯·伊姆斯和蕾·伊姆斯夫妇（Charles and Ray Eames）、沃纳·潘顿（Werner Panton）、汉斯·韦格纳（Hans Wegner）等 20 世纪中期的大师之手]。20 世纪 90 年代，维特拉决定制作这些名椅的模型。或许你买不起原版的椅子（举几个例子，1986 年的洛克希德躺椅在 2015 年卖出了近 250 万英镑的高价；1948 年的伊姆斯云朵椅以及邦德电影角落里经常出现的红白相间的艾洛·阿尼奥"球椅"也都价格不菲），但是，你大概只买得起按照 1∶6 的比例缩小的设计椅模型。不，不该把话说得太满，这些名椅的模型可能也不便宜。

　　网友一：是不是只有我一个人觉得这是一堆破烂？我想问，到底有谁会买这些玩意儿？请告诉我不止我一个人这么想。我见过的一把伊姆斯经典休闲椅模型竟然要价 200 英镑！！！我忍不住要问一句，究竟有哪个头脑正常的人会掏钱买它？

　　网友二：我确实在收藏模型，不过我的藏品中并没有伊姆斯休闲椅。我觉得收藏模型椅是个很好的主意，因为我的家不够大，摆不下我喜欢的所有椅子。花 200 英镑买一个模型与花四五千英镑买把真正的椅子，这二者有何不同呢？你不这么想吗？

网友三：我觉得无论是花 5000 英镑买把椅子，还是花 200 英镑买个小模型，都是不合理的。我是中古风的忠实粉丝（在这儿就不用解释这一点了吧），但是我并不赞成某些设计公司的定价（维特拉就是一个典型的例子）。如果有任何人花 200 英镑买了一件类似玩偶屋家具的东西，坦白说，在我看来，这人一定人傻钱多。

1953 年，瑞士商店装修商维利·菲尔巴姆（Willi Fehlbaum）在纽约度假时乘出租车经过了一家商店，橱窗里摆着一张伊姆斯椅。出于对这种椅子的喜爱，他从家具公司赫曼·米勒（Herman Miller）那里取得了这款椅子在欧洲的制造经销权。但应该如何选址建厂呢？他看中了妻子埃丽卡继承的一块土地。这块土地位于德国西南边境小镇莱茵河畔魏尔。即使这里每年春天都樱花遍野，但它仍旧不是一座非常典雅的小镇（它与典雅的英国博格诺里吉斯结成了姐妹城镇）。不过，维特拉却诞生于此，菲尔巴姆也在这里与伊姆斯夫妇以及一众杰出的设计师成了朋友，这些设计师都相信，椅子不只是一把椅子。维特拉为办公室以及其他商业建筑提供椅子，还有一些椅子走进了流行杂志上出现过的家庭里，很快就受到了平面设计师以及其他设计师的追捧。后来，维特拉的生意一直顺风顺水，产品从椅子扩大到了各种各样的家具。但天有不测风云，1981 年，一场闪电引起的火灾将园区的 60% 夷为平地。公司不得不从头再来。

如果你手上的资金充裕，那么东山再起就有趣了，因为你可以借此实现自己的愿望。维特拉新园区就是这样应运而生的。新园区的设立是为了赞颂各式各样的设计，这里是成年人的游乐场，是一片功能与表现主义相融合的乐土。在这里，建筑界最大胆、最狂妄的天才会设计出他们正常情况下绝不会建在其他任何地方的作品。想想看，如果扎哈·哈迪德要建一个消防站，那会是什么模样？

园区（之所以被称为"园区"，是因为这里是设计天才们漫步的地方）最初要建造出一个风格统一的现代化外观，而且会根据后期的具体需求不断变化。20 世纪 80 年代初，英国建筑师尼古拉斯·格伦索（Nicholas Grimshaw）是高科技的代言人之一。火灾发生后几个月，他就在园区建成了自己的第一幢建筑，两年后，他的第二幢建筑也拔地而起。这两幢建筑都有着弯曲的波纹钢表面，兼具功能性与典雅性，都用于生产最受人欢迎的椅子。但是，后来园区的建筑风格并没有得到统一，因为创始人的儿子罗尔夫·菲尔巴姆（Rolf Fehlbaum）结识了一位新朋友，并受到了这位朋友的影响。

早在菲尔巴姆邀请弗兰克·盖里（Frank Gehry）为园区设计建筑以前，盖里就已经是公认的前沿后现代主义者了。他在园区设计的建筑也是他在整个欧洲设计的第一幢建筑。

其实他为园区设计了两幢建筑：一幢是工厂，另一幢是博物馆。博物馆建成于 1989 年，是一座由白色砖块搭建而成的精品建筑，外部夸张的曲线交错环绕，就好似一幢建筑从不断运动的线条里凭空出世。他后来设计的毕尔巴鄂古根海姆美术馆以及洛杉矶华特·迪士尼音乐厅都受到了这幢建筑的直接影响。

因为盖里的建筑风格和格伦索迥然不同，所以现在园区的规划方向就明确了：从此以后，只要设计师有足够的雄心壮志，每栋建筑的外观都可以在这里打破窠臼。并非所有建筑都是新修建的，一些较小的建筑，比如让·普罗夫（Jean Prouvé）的加油站就是从园外搬入园中再稍事修整的。但无论是新建筑还是老建筑，每栋建筑都为园区多样的视觉效果做出了贡献。如今，游客参观这片耗费二十五年时间打造而成的园区时，会心生一种交织着困惑、疲惫与愉悦的感情，就仿佛是在一天之内逛遍了蓬皮杜艺术中心、纽约现代艺术博物馆以及泰特美术馆。

1993 年，园区里的一栋建筑让这里声名大噪。扎哈·哈迪德确确实实在园区里建了一座消防站，而这也是她职业生涯里第一栋得到认可的建筑。这座消防站专门用于停放维特拉园区里的消防车，以免火灾再次出现。但人们很快意识到，令哈迪德更感兴趣的不是灭火，而是点火。于是，防火这件事就委托给了附近的一个集中服务中心，而哈迪德的消防站则成了一片专门用来举办艺术展览和接待游客的区域。每位游客都能在这里欣赏到哈迪德的非凡之作：混凝土"尖角碎片"和外墙相互交错，不同的视角呈现不同的模样，建筑内外都会让人产生一种晕眩之感，觉得这幢标新立异的建筑似乎是设计师为了证明什么而造的。世界各地的学生见到这幢建筑时也会感到震惊无比。

维特拉的管理团队看到游客的反应自然喜出望外，不过他们倒是对园区的收支平衡越发担忧起来。要修缮园区内引人注目的建筑，还要在博物馆举办越来越有野心的展览，园区方面的花销极大。所以，20世纪90年代中期，他们想出了一种盈利模式——出售知名设计椅子模型。

2017年初，园区博物馆副馆长马蒂奥·克里斯（Mateo Kries）在他的办公室里告诉我："我们不要做一堆垃圾产品。我们要做的是严肃的、具有教学意义的产品，能够让人从中学到些东西。"和原版的椅子不同，这些只有原尺寸六分之一大的椅子模型是为学生设计的教学工具。看着这些模型，观察者会回到图纸刚被设计出来的梦幻时刻。就好比伊姆斯夫妇认为把普通的伊姆斯椅做成摇椅会是个好主意，哈利·贝托亚（Harry Bertoia）认为由金属丝制成的钻石外形的椅子可能会像钻石一样恒久。椅子模型反映了设计师在弯曲、黏合和拉伸材料时遇到的各种挫折，或许还会激励观察者像设计师一样去克服困难。一时间，仅有平装书本大小的模型让一切变得豁然开朗起来。

马蒂奥·克里斯是一位艺术史学家和社会学家，他的整个职业生涯都是在维特拉度过的。他说，从椅子模型中借鉴经验难免会付出一些代价。因为椅子是按照 1∶6 的比例制作的，所以在学习一些技术细节时肯定不如对照实体椅子学习方便。这就解释了为何迷你的巴塞罗那椅子模型售价在300 英镑左右，而洛克希德迷你铝质躺椅模型的售价甚至超过 700 英镑。

克里斯说："这样定价的原因是我们用了和实体椅子一样的材料，其实这不像玩偶屋的家具那样无关紧要。我们很快就发现了问题：如果你用和实体椅子同样厚度的皮革制作模型，那成品就会显得愚蠢、厚重、死板，所以我们必须寻找新的材料。"对木材、玻璃纤维和其他诸多零部件的要求也是如此，所有材料都必须更轻便、更牢固、更精细。

克里斯在办公室墙上贴了一张画着园区里各种设计椅的海报。看着这张海报，人们会忍不住开始挑选自己最喜欢的那一款椅子。克里斯说："常常有人问我这个问题，只是我一直没有想好怎么回答。"但是今天不一样，"在我看来，里特维德铝椅（Rietveld aluminium，1942 年）是数一数二的。它是用铝板折叠出来的，这在当时十分前卫。还有马塞尔·万德斯的结绳椅（Marcel Wanders Knotted Chair，1995 年），它是用塑料碳纤维和芳纶制成的，在表面涂上环氧树脂后，像晾衣服一样把它晾干，然后一把编织椅就做好了。"如果要再挑选一把既著名又受欢迎的设计椅呢？"我会选伊姆斯夫妇最早的一件作品———把高背有机椅（Organic Chair，1940年），这是他们为参加纽约现代艺术博物馆举办的比赛而设计的。参考这把椅子以及他们后来的诸多椅子，你可以清晰地看到他们设计风格的发展变化过程。"

克里斯的海报上有224把椅子，其中约60把椅子的模型都可以在他办公室旁的商店里买到。第一件模型是普鲁士建筑师卡尔·弗里德里希·申克尔（Karl Friedrich Schinkel）于1820年设计的一把花园椅，最后一件模型与之呼应，是罗南（Ronan）和厄万·布劳莱克（Erwan Bouroullec）从2008年开始"种植"的一把绿色植物椅。在这期间出现了各种体现历史主义、新艺术运动、包豪斯风格的作品以及利用20世纪60年代的塑料制作的试验品。模型的种类还在不断增多，很快将会出现3D打印的模型椅。

一旦你走进维特拉园区的纪念品商店，把这60把椅子中的任何一把放在掌心端详，你就有可能想把它们全部买下来，除了食物再也不买其他东西了。把这些模型当作教具使用的初衷早已被人们的占有欲取代了。这些模型之所以值得收藏，在于几个关键要素：模型本身就匠心独具，细节之处又巧夺天工，另外，由于数量有限而且价格不菲，模型椅并不能够人手一件。不过这些模型也确实毫无用处，它们没有一丁点儿内在价值（除非你用它们以物易物），也只有最极端的受虐狂才能忍受坐在这些椅子上的滋味，格瑞特·里特维德（Gerrit Rietveld）设计的红蓝椅尤为如此，即便是实体椅子，扶手上也到处都是尖锐棱角。如果你当真购买了一把红蓝椅模型，你会发现说明书上写的是"仅用于装饰"。我曾问克里斯为什么这么多人对模型椅爱不释手，他的回答听起来像是僵尸科幻小说里的情节："你无法阻止他们！"

再说回论坛上的网友评论。

网友四：真是骗钱的东西！我第一次在易趣上看到这些小玩意儿时，我竟然误以为是真的。我还对自己说，如果能用这样的价格买把椅子，看起来还挺划算的。结果证明，它就是一个愚蠢的模型而已啊！

网友五：确实让人提不起劲。我从来都理解不了这些模型有什么意义。如果它连椅子本身的实用功能（休息、闲坐……）都丢失了，那么它还剩下些什么呢？从某种意义上说，模型椅对于设计师而言是一种耻辱，因为设计师曾经把自己的想法和原则都融入作品，这是一种不容分割的整体。

网友六：我认为这些模型对于一些人而言相当于雕

塑，对于设计师和建筑师而言尤其如此。这就是他们要挖掘的东西。为此嘲笑别人有什么乐趣呢？椅子模型和其他模型其实并没有不同。

现在，真正让我觉得惊悚、烧钱和可鄙的是，有些人竟然在自己身上文上了伊姆斯夫妇设计的椅子。

网友七：我没见过商店里的模型椅，也没买过。但我大学办公室里的一位同事在书架上摆了六个模型椅。我想说，模型的质量真的挑不出毛病，细节也恰到好处，并不累赘，看起来不会傻乎乎的，也不像玩偶屋里的家具。有时候你真的会好奇这些模型究竟是怎么做出来的。迷你的事物对人类以及地球上的其他任何物种总是有一种天然的吸引力，这是出于我们的控制欲与支配欲，还是仅仅出于我们对玩具的需求呢？我不得而知。要不问问那些在家里放着地球仪的人们？但我可以确定的一点是，大多数人不会被理性的争论左右，这一切都关乎人们内心的情感，天知道我们有多么愿意为情感埋单。

第十章

微缩的我们

　　2017年夏，我在梅费尔区的一家小型私人画廊遇见了一位名叫威拉德·威根（Willard Wigan）的男士。握手问好之后（他的手掌很宽厚），他递给我一面珠宝放大镜，带我走到画廊深处的一面墙跟前，墙上挂着一幅熟悉的画作。这幅画是《蒙娜丽莎》，是艺术家约翰·米亚特（John Myatt）仿照原作画成的。画中，蒙娜丽莎的一只眼睛里好像有什么东西。

　　透过镜片我看到蒙娜丽莎的眼睛里是另一幅《蒙娜丽莎》，后者的大小不到1平方毫米，像个小斑点似的。光靠肉眼观察，人们会以为它是原作近乎完美的复制品，就连画框也没落下。Trinity House Paintings公司正以100万英镑的价格拍卖这件作品，他们在发布的新闻稿中称威根的微型画"是用苍蝇的毛发画成的"，但这与作者本人告诉我的说法有些出入。威根告诉我："我用的是我的一根睫毛。"

现年六十岁的威根说，所有的颜料都会流动，所以，其实他的画并不是"画出来"的，而是"戳出来"的。就这幅《蒙娜丽莎》而言，他不仅用了自己的眼睫毛，还用了一根涂有颜料的尼龙管。他常用的切割工具是一块自己打磨的钻石碎片。"整个制作过程包括粗雕、精雕、切割、刮刨。在制作这幅《蒙娜丽莎》时，我先制作了画框，接着我要确保蒙娜丽莎的图像能够完美地嵌入其中。我猜达·芬奇可不会这么做。"威根说自己总是纠结于画的厚度，前十周一直都在构思各个元素的布局。有时候人物的比例会很不协调，比如胸部会比脸部突出许多，这时他就想得从头再来了。"我还一直想把蒙娜丽莎的嘴唇向里收一些。"

如果用放大镜观察，或者用微距镜头拍摄，我们就会发现，这幅微缩画不过是粗略地呈现出了原作的色彩和图案，实际上，它就像是在果冻上画成的一样，到处都是斑斑点点。但若对复刻原作还有其他执念的话，也不过就是追求一种机械的临摹罢了。威根认为，这种模仿虽然并非完全没有意义，但也不会受人欢迎。威根喜欢通过作品反映人类的缺陷，尤其是容易出错的人类的双手。

令人开心的是，威拉德·威根来自伍尔弗汉普顿的温斯菲尔德，还留着黑郡（Black Country）口音。他穿着一套整洁优雅的灰色西装，口袋里放着一块精致的深红色方巾，敞开的领口里有一条粗金项链。他的眼袋像一对月牙。和他慢工出细活的职业特点相称的是，他说话也是慢条斯理的。他最擅长的就是制作可以放在大头针的针帽上或者绣针的针鼻里的超微雕作品（他也因此被人们称为超微雕艺术家。微雕艺术家和超微雕艺术家之间的区别表现在：欣赏后者的作品需要借助显微镜）。威根最具代表性的一件作品是《最后的晚餐》，耶稣和他的十二个门徒——陈列在针鼻里，清晰可辨。他还雕刻了可以放进针眼里的一队骆驼、《星球大战》的主角、亨利八世以及他的六任妻子。

观察超微雕作品的方式和作者创造它们的方式一样，都要借助显微镜。人们每次欣赏这些超微雕作品时都会发出喜悦的惊叹 [不过在惊叹时可要注意自己的气息。有一次威根在雕刻《疯帽子先生的下午茶》(*Mad Hatter's Tea Party*) 时不小心吸了口气，结果竟然把自己辛苦几周雕刻而成的"爱丽丝"吸走了]。

威根说自己在制作微雕时总是会屏住呼吸，他还说自己"在两拍心跳之间雕刻"，但这种说法就更令人费解了。威根告诉我他并不享受制作《蒙娜丽莎》的过程，在制作其他作品时也不觉得愉悦。他还总觉得自己最终可能会住进精神病院。他说自己喜欢的是成品以及成品带来的赞誉（和奢华的生活）。他已经习惯了人们对他这份职业的震惊，也习惯了不停有人问他选择这份不同寻常的职业的原因以及契机。这都要从他上学时的那些不愉快经历说起。

"对于我来说，学校不是个好地方，我总是受欺负。我有轻微的自闭症，无法自如地表达自己的想法，老师对我的态度让我觉得自己微不足道。我想在地上挖个小洞钻进去，这样就没人能看到我了。"他说自己经常逃课，"我躲在花园里，在那里看到了许多蚂蚁。我很懊恼，因为我觉得是我把它们的窝捣毁了，所以它们才无家可归。那年我五岁。我找到了一片剃须刀片，又捡了几片木头，为蚂蚁建了一个家，还为它们做了家具、跷跷板和秋千。"

他还记得母亲看到他的杰作时难以置信的样子。显然，她说了一句极为鼓舞人心的话："如果你能做得更小一些，那么你的名气就会更大一点。"（说到这里，再回想起他之前和我说过的那些话，我不禁联想到了职业摔跤运动员。不仅是因为他令人极度愉悦的表现力，还因为他如炒作艺术家般的夸夸其谈。他的作品令人难以置信，但也不堪一击。有时我会好奇，他的故事是否有些不着边际了，或者，至少有些夸大了？）

威根告诉我："我想要让人们看看这种虚无、渺小的东西，我想要让人们知道我们都是从分子演变来的，我想让人们知道渺小的东西究竟多么壮观。我们总是忽略自己看不到的事物。但是，看不到并不意味着不存在，就好比你看不到风。"后来，威根不再制作蚂蚁的迷你家具，转而开始在牙签上雕刻毕翠克丝·波特（Beatrix Potter）笔下的人物。他雕刻的本杰明兔（Benjamin Bunny）和杰米玛·帕德尔鸭（Jemima Puddle-Duck）都惟妙惟肖。1991 年，爱德华王子和索菲·里斯－琼斯（Sophie Rhys-Jones）喜结连理，威根借此迎来了自己事业上的重大突破。"我把爱德华王子夫妇刻在了火柴棍上，并把这件作品称为《天生一对》（*The Perfect Match*），电视公司对此特别感兴趣。"

现如今，威根已为他人制作过各种超微雕作品，如针鼻里的自由女神像、月球上的阿姆斯特朗（也在针鼻里）、针鼻里的奥巴马一家。他还把正在拳击对战中的卡修斯·克莱（Cassius Clay）与索尼·利斯顿（Sonny Liston）刻在了大头针的针头上。我见到他时，他正在一粒沙上雕刻一身戎装的理查三世。上回在梅费尔区一起欣赏过《蒙娜丽莎》后不久，他又从口袋里掏出一个仅有衬衫纽扣大小的圆形玻璃容器，容器里是一座用蓝丁胶固定着的泰姬陵，只有米粒那么大。

威根说，对于他而言埃菲尔铁塔的制作难度太高，因为塔身都是交叉的金属线条，此前他在雕刻 DNA 双螺旋结构时就失败了。他的下一个大动作是要在手表里放入一样特别的东西。我看到他戴的手表里就有一架正在演奏的迷你自动钢琴。分别时，他告诉我："不要小看'小'这个字，因为我就是想让人们通过小东西懂得大道理。"

威拉德·威根称自己所有的想法都是原创的，但也确实受到了几位前辈的影响，其中最有名的一位叫哈戈·桑德吉安（Hagop Sandaldjian）。桑德吉安 1931 年生于埃及，1990 年逝于美国。他的一生充满了创意、坚韧和耐心。十七岁那年，他随家人移居亚美尼亚，后来成了一名技艺精湛的音乐家，专攻小提琴和五弦大提琴。他的一位中提琴学生带领他走进了超微型雕像和超微型画的世界（这位学生专门研究稻谷上的超微型肖像画），他马上就被这种消遣方式吸引住了，认为这是一个帮助音乐家提升耐性和精准度的好方法。但直到 20 世纪 80 年代移居美国后，他才开始认认真真地对待这一项爱好。他买了 125 倍的显微镜、磨成粉末的黄金和红宝石。后来，他用这些材料制作超微型人物，摆在从画刷或者自己半秃的头顶上摘下的刷毛或头发上。他雕刻过立在底座上的拿破仑超微型雕像、金色的十字架以及手持十字架祈祷的教皇约翰·保罗二世（Pope John Paul II）。但他也喜欢迪士尼的角色，他把米老鼠、唐老鸭、高飞摆在同一个大头针的针鼻上，或许希望能借此让自己的作品广开销路。不过他最出名的一件作品是在一个细针鼻里依次排开的白雪公主和七个小矮人。所有的角色都表现出为人们熟知的害羞、愚蠢或暴躁的性格。（威拉德·威根后来也想出了同样的创意，把小矮人变得更加矮小了。）桑德吉安也喜欢在米粒上刻图案，尤其是他自己的肖像。他还制作过一把 1/32 英寸大的金小提琴。小提琴的琴颈断了，就摆在琴身旁边。他把这件作品称为《破碎的梦》(*Broken Dreams*)，但矛盾的是，他也曾在一缕头发上刻了一句话："愿你所有的梦想都能成真。"桑德吉安大概不会反驳法国哲学家加斯顿·巴赫拉德(Gaston Bachelard)提出的观点："我越能缩小世界，我就越能掌控它。"

照片上的桑德吉安仪容整洁，面带笑容，鬓角宽阔，手指粗短。他打造了一套后继者们都会借鉴的技法，那就是在夜间工作。他大部分的工作时间都是夜晚，那时万籁俱静，车水马龙的喧嚣也减弱了。他试图在两拍心跳之间制作模型。有时，他会戴上耳机聆听巴赫的音乐放松精神。但即便如此，他还是出现了许多工作失误，就连呼吸也算得上一项。他的作品永远无法得到充分的保护，放在镜片下怕被压坏了，因此常常被自己的气息吹走。起初他会花几个小时在桌子和地毯上寻找它们的踪迹，但后来他就不找了。对这些失误，他学会了泰然处之，因为无论它们在我们看来多么奇妙、多么不可思议，再做一个都不算是难事，甚至下一个还有可能做得更好（或更小）。他曾说："人类和机器的区别在于创造精神，人类才是真正的技术。"

20世纪90年代中，伦敦海沃德画廊(Hayward Gallery)的主管拉尔夫·鲁戈夫(Ralph Rugoff)用文字记录下桑德吉安的作品。他对超微型世界和微型世界之间显著的差异深感

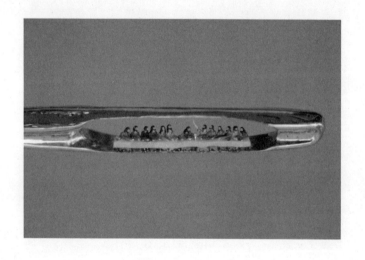

震惊。他认为，微缩物品把我们带到了一个"比我们现居的世界更精细、更精彩、更清晰的世界"，微缩世界是"一片闪闪发光的理想天地"，它像一个迷人的避难所，帮我们逃离日常生活中的挫败。我们看到的不仅是缩小了的世界，还是一个更美好的世界。在微缩的比例下，价值观得到了"不同寻常的丰富"，我们的世界观也被赋予了"强大的能量"。

但是超微型的世界近乎无形，让人联想到一种"无形的现实秩序"。我们对它心怀敬畏又疑惑不解，在欣赏诸如火车模型等其他微缩物品时，我们丝毫不会产生类似的情感。我们用显微镜观察桑德吉安的作品的时候，他的作品似乎走进了我们的内心世界。"我们感知到的物体是如此渺小。我们不禁开始好奇，除了在我们的想象里，这样的小物件究竟还能存在于哪里？"拉戈夫甚至还推测，超微缩模型能使我们感知到存在于我们现居世界里的其他秘密世界。"我们是否无意中错过了许多场微型交响乐？是否真如神秘主义者所思考的，每个原子里都有一个包含了上千颗太阳的宇宙？"说得更实际点，超微缩世界大概会让我们思考自身的构成。我们会好奇与人体有关的一切究竟是如何嵌入这小小的 DNA 链中的。（或许威拉德·威根无法制成 DNA 双螺旋的微缩模型并不奇怪，因为这就像要把整个世界微雕出来一样，其难度可想而知。）

桑德吉安的超微型雕塑现存 33 个。他似乎一件也没卖，所以除了一件作品以外，其他的都收藏在洛杉矶侏罗纪科技博物馆。例外的那一件是他去世时还没有完成的作品，是 18 世纪神学家梅赫塔（Mekhitar of Sebaste）的一幅肖像，桑德吉安正是受此启发才去了埃及的基督教学校接受教育。这是他制作过的最小的作品，博物馆介绍称"即使用显微镜看也看不清楚"。这或许会让我们对微型艺术的发展感到好奇，在不危及微型艺术品本身的存在感和实用性的情况下，它们究竟可以小到何种程度？微型化本身或许就是一种令人疑惑的追求：它不是应该为我们带来快乐，向我们说明更深刻的道理吗？或者说它不应该是一种通俗易懂的消遣方式吗？它至少应该为它的缔造者带来乐趣吧？

美国杂志《疯狂新闻》（Nutshell News）充满了乐趣。虽然它在 20 世纪 90 年代中期宣布停刊，但在此前的二十五年里，每个月它都会为订阅者提供有关微缩世界的新奇见闻，并在社论板块鼓励读者从微缩模型里获得更多的乐趣。比如 1984 年 9 月的这一期，谈的就是如何制作一个缩小 12 倍的啤酒节现场模型来庆祝巴伐利亚啤酒节。你需要的材料有胶水、镊子、角质剪、尺子、纸张、胶带、牙签、X-acto 多功能小刀、铅笔、蜡纸、棕色和红色的 FIMO 造型黏土、小木棍、弓锯、哑光丙烯酸喷漆或固定剂、球头大头针。备齐材料之后，你就可以开始制作黑森林蛋糕（"用弓锯切下小木棍的八分之三"）、紫甘蓝饺子（"把 FIMO 造型黏土搓成小圆球，不够圆也没关系"）以及酸菜香肠（"混合三种棕色的 FIMO 造型黏土，从纯棕色开始"）了。祝你有个好胃口！

杂志的读者都不是小孩子，不过他们都是大家庭中的一员。杂志里有一封劝诫信，意在提醒那些迷失了方向的微型社群迷途知返。来自加利福尼亚州皮科里韦拉的蒂莉（Tillie）在杂志中写道："在微型世界里……人们一起工作，互相帮助，交流想法。"但现在情况变了，"随着微型世界的发展，有些人开始对别人指指点点，有些人变得冷眼旁观……"蒂莉希望可以回到过去，"微雕这项爱好就像一缕阳光，它应该给我们忙碌的生活带来欢乐！"

显然，欢乐的微型世界早已变得商业化了。人们可以用小木棍做一顿巴伐利亚特色餐，到了 20 世纪 80 年代，几乎所有的东西都可以买到现成的。在美国田纳西州纳什维尔的贝尔维尤微雕模型店（Bellevue Miniatures），人们用 11 美元就可以买到一篮微缩的苹果和桃子模型，用同样的价格还可以买到安妮妈妈的生日蛋糕（Mother Anne's Birthday Cake）；在伊利诺伊州温尼特卡的小小世界（It's A Small World），用 14 美元就可以买到一款迷你的野餐篮，里面还装着保温瓶、杯子和茶托；在北好莱坞的凯西·安妮微雕模型店（Cathy Anne's Miniatures），你还可以买到迷你的水果蛋糕、松饼和分层婚礼蛋糕，而且店里的婚礼蛋糕有 50 多种造型供你选择。

就像帮助这些店铺提高销量的《疯狂新闻》杂志一样，这些店铺也逐渐销声匿迹了（或者说，至少在网络上已经看不到它们的痕迹了）。但是数字时代并没有像人们想象的那样加速微缩物品的衰落，反而在许多方面增强了人们对微缩物品的渴望。铁轨、轮船、飞机等许多论坛讨论的主题都是大家耳熟能详的。无论你想要培养什么爱好，你都可以在网上找到上千段教学视频。不知怎的，真正可食用的微缩食品成了网络上热门的微缩品主题之一。在 YouTube 网站上搜索"迷你烹饪"（miniature cooking）可以得到 384000 条结果，这个数据已经足够让人震惊了，但其中一些视频的累计播放量更是让人大吃一惊。例如，一个日本团队在 YouTube 网站上发布了一段用胡萝卜和花椰菜制作微型鸡蛋汉堡的视频，不到一年时间，这段视频的播放量就达到了 1660 万次。

这些播放量惊人的视频是由微型空间（Miniature Space）制作的，可能为他们带去了巨额收益。（微型空间也出售视频中用到的同款迷你炉具和刀具，售价分别约为 200 美元和 100 美元，虽然价格不低，但是销量却很高，许多厨具都销售一空了。许多观众大概正在家里试着自己动手制作迷你菜肴呢。）虽然微型空间成立于日本，但是他们的菜谱多种多样，有世界各地的菜肴，我们可以学着做卡布纳拉意大利面

（680万点击量）、带糖浆的薄煎饼（1140万点击量）、糖霜巧克力蛋糕（2247万点击量）。视频的长度在3到10分钟，通常来说，播放时长越短，点击量就越高，因为有些观众没有耐心观看去皮、调酱的过程。自2014年11月微型空间点燃第一个微型炉子以来，这一频道的视频播放量累计达到了3.24亿次。

微缩厨房的走红是否有一个合理的心理学解释呢？还是说，这只是微缩物品界的冰桶挑战？食物本身并不引人注目，如果使用的是正常大小的食材，根本得不到多少关注。微缩厨房的一部分魅力在于烧制菜肴前的准备工作。砧板、天平、刮铲、餐具、漏勺和炊具（用茶烛加热）等所有东西都缩小了，食材也是从原材料上切下的一小块。微缩厨房有它内在的逻辑，这在微型世界中一直是必不可少的。微缩厨房吸引人的原因还在于视频画面上给硬币大小的鸡蛋饼翻面的手是不具名的，厨师是谁并不重要，食物才是重点，这一点和平日里常见的其他美食视频截然不同。而且，这双手展现出了制作者对这项艺术的热爱，也真正标志着业余爱好者的身份。另外，最重要的是，食物都是迷你的！视频下方的评论对此都赞叹不已，有人用一声"哇"表达兴奋之情，有人则说这"太不可思议了"。一位观众在观看过"蛋糕"（Le Gâteau）这一段视频后评论道："这道迷你菜肴做得太棒了！"不过大多数人留下的还是诸如"可爱""太可爱了！""太太太太太可爱了吧！！！"这一类的评论。

　　要成功拍摄一段吸引人的视频，你的指甲要好看，双手要平稳。但是我现在能记住的倒不是制作者的灵巧与耐心，也不是夹在两根正常大小手指间的迷你勺子有多小。我记得的只是做出来的食物有多么令人垂涎欲滴。试着坐下来看一集十分钟的粉红康乃馨迷你软糖婚礼蛋糕的制作视频，看看你能不能忍住不流口水或者不伸手拿些甜食来吃。或者，试着看一集咕噜鸡，看看你能不能控制住想点外卖的手。这些迷你菜肴唯一的问题就是，一口就吃完了。在制作咖喱番茄炖羊肉时，羊肉被切成小丁，用浓烈的克什米尔香料小火慢炖，米饭打了两次，但要是真的在饭点用它填肚子，它一勺都装不满。

　　在微缩世界里，食材有其他的用途。西蓝花可以当作森林，芦笋可以当作一排高大的树木，菇伞朝上的蘑菇可以当作渔船。至少，这些场景在日本九州的摄影师田中达也（Tatsuya Tanaka）富有想象力的头脑中是可能的。从 2011 年开始，田中坚持每天拍摄一幅模型小人世界的照片，以日历的形式更新到"微型日历"（Miniature Calendar）网站上。现在，你仍然可以在 Instagram 上关注他。他以"mitate-e"为话题，发布一些用小物件模仿大件物品或者其他物品的照片，还借此吸引了一百多万粉丝。不过，若说有谁能让人流连于作品，并仔细思考其中蕴含的关于尺寸的概念以及诗意的辛

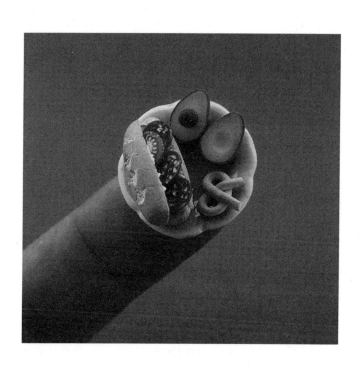

酸，还得说起一位名叫斯林卡丘（Slinkachu）的大师。他在自己的网站上称，自 2006 年以来，他一直在有意地"抛弃"微缩艺术。

斯林卡丘这个名字或许会让人想起《精灵宝可梦》里的角色或者韩国的流行歌手。其实，现年近四十岁的斯林卡丘出生在德文郡，本名叫斯图亚特·潘托尔（Stuart Pantoll）。他的个人情况确实没什么趣味可言，不过最有趣的是他那些命运多舛的作品。干活的道路清洁工、好奇的小狗、行人的鞋底都会把他的作品带向未知的命运。有时，一阵风就能把它们吹走。斯林卡丘的作品把微缩世界的疆域拓宽到了街头艺术领域，既逗趣又感人，常常暗示着社会的弊病。他的作品之所以易受伤害，不仅是因为它们的大小，还因为它们的处境。这些作品通常都很真实，揭示了人类的真实状况，这对于微型作品而言是难能可贵的。或许你会问他的作品究竟有多小？答案是，仅 1 英寸左右。

你看到的作品很少是斯林卡丘的原作，基本上都是照片，因为原作早就消失在城市的某个角落了。（他的足迹遍布全球，虽然有时人们会拿他跟班克斯比，但其实他们最主要的共同点只是他们创作的地点都十分随机。和班克斯的作品一样，一旦斯林卡丘的微缩模型出现在了某个地方，人们就很难再把这件作品和其他地方联系在一起了。）斯林卡丘出版过几本作品集，尽管诸如社会错位、在同质世界中追求个性、追求快乐等主题时有重复，但每张照片似乎都带有一段独特而深刻的背景故事。例如，一个迷你的男士正孤零零地坐在一个正常大小的订婚钻戒上，图注令人黯然神伤，写着"不！"；一个女人拿着她的外套和包走过一个零食包装袋，神情坚毅，图注是"总有一天他会注意到我的"；另一个女人在一根柱子上看到一张粉色的广告，上面写着"变胖了？从今天开始减掉一毫克！"；一个身穿灰色雨衣的男人站在公用电话亭上，盯着几张纸牌，其中两张写着"热辣小人——模型村庄之最""超超超级小——征服我吧，大男孩"（还有一张写着"真正的小人国"）。

用本书开头的埃菲尔铁塔作结吧。这是斯林卡丘最令人动容的作品。画面里一位男子正背着双手售卖埃菲尔铁塔纪念品。待售的铁塔模型共有 4 种颜色，从银到金，颜色深浅各有不同，每个模型都比他高 3 倍。但生意并不景气。他做了一个小牌子，上面写着"1/2 大奖赛"。照片的拍摄地点在巴黎的一个窗台上，小人背后隐约可见真正的埃菲尔铁塔，虽然看不真切，但那灰暗的色调和钢筋的构造还是一如从前，看起来就像是全宇宙最高的建筑。这件作品名为《规模经济》（*Economies of Scale*），集双关语、失望的情绪以及现代人面临的一种困境于·体。斯林卡丘的作品会扭曲人们的视角，用不了多久，人们就会觉得迷你的尺寸才是正常的，而普通的小物件则像庞然大物一般。在另一幅图里，几个男孩准备把一块乐高积木从桥上扔到下方的车流中。他们托着的积木就是常见的带八颗凸粒的乐高积木，但在画面里却像一栋房子那么大。在另一幅图中，两个孩子走进了一个神秘洞穴，但这个洞穴其实只是一个市面上常见的空烟盒。

以上是我对斯林卡丘作品的解读，大家对此可能还有不同的理解。我问过他这么做的初衷，他说，一开始他只是觉得让人们发现他留在街头的小人会很有趣。2006年他刚开始做这项街头艺术时，甚至都没有用照片记录下他的作品，但后来当他观察到过路人的反应时，他意识到或许自己可以用这些作品讲述故事、表达情感。他回忆道："看到这些小人'消失'在街头似乎会唤醒人们的怜悯之心。"他认为，塑料小人"唤醒了人们对拯救和照顾它们的渴望，就像我们对待婴儿或小动物那样。仍然有很多人问我怎么会把这些可怜的小家伙扔在街上。我想，如果我能让人们问出这个问题，如果我能让他们相信这些没有生命的塑料小人是活生生的，那么，我认为我的作品的使命就完成了"。

一旦斯林卡丘有了想法，他就会按照步骤着手实施。先是把德国制造的铁道模型小人修改为自己想要的模样，其次是摆出理想的布景（可能是一个水坑，或是在金属栅栏的尖刺旁），接着是调整摄影角度，通常摄影师要趴在地面上才

能找到最合适的拍摄角度。斯林卡丘的每个作品通常都由两张照片表现，一张是近景特写，另一张是全景拍摄。无论主题是笑话还是令人伤感的社会观察，只有同时欣赏这两张照片时，观众才能看出斯林卡丘要表达的含义。例如，在一张照片中，贝都因人和骆驼背后的沙丘其实只是卡塔尔首都多哈市街道上的一堆建筑用沙。

他作品的名称与内容总是不相符的。他的微型世界通常不太美好，比如一个男人在一根纤细的树枝上自缢身亡，而上面却开满了樱花（作品名为《美妙的世界》）。有时，作品名称也会直接点明主题：一根粉色的棒棒糖从高处掉落砸碎了奥迪敞篷车的挡风玻璃，司机在一旁怒火中烧——这个作品名叫《该死的熊孩子》。在另一张照片中，一位父亲拿着猎枪瞄准一只蜜蜂，并对身后的女儿说："苏珊，蜜蜂可不是宠物。"

斯林卡丘告诉我："作品总是面临着陷入'可爱'范畴的风险。我想要颠覆或影响观众对我的作品以及其他微缩作品的看法。"还有一种风险（也可能是一件乐事）是，他的作品也有可能会引起某种恋物癖。他发现作品的照片出现在了一些特殊的论坛上，浏览这些论坛的人大多对极大或极小的人有着特殊的性倾向。他解释说，人们这么做是为了获得一种传统的乐趣，即通过微缩物品满足支配感和控制欲。

斯林卡丘说："我面临的挑战在于不断地为作品注入意

义并探索人类世界中真实存在的问题。我想让人们从这些小人身上看到他们自己的生活以及他们的恐惧和挫折。"这是斯林卡丘作品的真正价值所在：价值不在于小人的尺寸，也不在于布景，而在于小人传达出的情感。就像很多有意义的艺术作品一样，微型作品讲述的是我们自己的故事。

威灵顿取得的最微小的胜利：威廉·斯波恩（William Siborne）
颇具争议的军队模型。

如今的模型

这是属于微缩模型的时刻。

编剧杰西·伯顿（Jessie Burton）最畅销的小说《微缩屋工匠》（*The Miniaturist*）被改编成了一部 BBC 电影；2017 年 3 月，在马斯特里赫特举办的欧洲艺术博览会（European Fine Art Fair）上，最引人注目的一件拍卖品是一个 17 世纪晚期的荷兰玩偶屋，里面装着 200 件银饰（要价 175 万欧元）。2018 年 1 月，一个 19 世纪的法国陶瓷娃娃在马里兰州以 33.35 万美元的价格售出，创下了玩偶拍卖的世界纪录。在电影《缩小人生》中，马特·达蒙（Matt Damon）将自己缩小到 5 英寸高，搬入了悠闲境（Leisureland），但他发现，开发商宣传的新生活（"缩小身体，放大财富！"）与他渴望的新生活并不一样。乐高系列电影即将迎来第四部：在《乐高大电影》（*The Lego Movie*）、《乐高蝙蝠侠大电影》（*The*

Lego Batman Movie）以及《乐高幻影忍者大电影》（*The Lego Ninjago Movie*）之后，我们不久就能看到《亿万积木大赛》（*The Billion Brick Race*）了。

　　本文之所以不将笔墨放在乐高玩具上，是因为我从来就不是乐高的粉丝。我对它的畅销程度以及精确程度持怀疑态度，我也不相信它会像广告中说的那样，在洗衣机里转一遍还能够完好无损。你可能持有不同的看法，但对于我而言，玩乐高玩具时，我会觉得不自由，觉得沉闷压抑，就像玩事先计划好的电脑游戏一样。我不禁感觉自己像是他们营销策略中的一部分，而这跟我在微型世界中获得的体验是不同的，它并没有让我感到温暖，觉得有益，反而让我觉得无法自持而又烦躁。上文中的微缩模型几乎都展现出了无穷的创造力，都是创作者从无到有一点一点创造出来的。但是乐高玩具的搭建方式、搭建时会遇到的挑战，以及用多少块积木都是预先设定好的。2017 年，我的朋友约翰尼·戴维斯（Johnny Davis）为《观察者报》（*Observer*）前去丹麦比隆探访乐高公司总部。他发现这里每天可以生产 1.2 亿块积木，还了解到乐高堪比苹果公司的发展史，以及它致力成为全球最强品牌的愿望。人们可能会认为这是一件难以证明和量化的事情，但显然，乐高做到了，现在它已经超过了法拉利。乐高员工罗尔·特兰巴伊克（Roar Trangbaek）告诉戴维斯："比隆的乐高园是为了公司运作而建的，而不是为了取悦员工。

在这里没什么好玩的。"这番话居然出自乐高公关部的员工之口！

本书主要的前提是，微缩世界揭示并阐释了一个更大的世界，因此，我就不再过多介绍乐高，来讲讲最后一个小故事吧。这个故事彰显了微缩世界颠覆历史的力量，并为我们提供了新的解读视角，能让我们重新看待那些我们自以为了解的事情。

1815年6月，刚从滑铁卢凯旋、战靴上还粘着泥巴的威灵顿公爵提笔写下了有关这场战役的首个里程碑式的记录。威灵顿公爵简单的叙述很快就成了既定的事实，他不知疲倦的自我推销也使得他的话变得无可争辩。一切发生得如此快，又是硝烟滚滚，又是血流成河，但是却取得了辉煌的胜利，人们很容易就沉浸在威灵顿公爵的智谋中去了。公认的版本是这样的：1815年3月，流放归来的拿破仑率兵回到法国，希望夺取最后的胜利。当时欧洲各国已结成反法同盟，拿破仑经过分析，决定率先在荷兰对普鲁士军队和英国军队发起进攻。6月18日，他们在滑铁卢交锋。威灵顿先是保持防御姿态，抵挡并击退了法国的多次进攻，最后发动了决定性的反击。普军虽提供了一定的支持，但绝妙战术与对地形的熟练掌控都多亏了威灵顿。滑铁卢一役后，五万人战死沙场，拿破仑被流放到圣赫勒拿岛（Saint Helena），而大英帝国则迈进了全新的发展阶段。

但在 1830 年，也就是战争结束十五年后，一位名叫威廉·斯波恩的军人决定动身调查滑铁卢战役的最后时刻究竟发生了什么。他花了八个月的时间探访比利时战场，并写信给所有在滑铁卢战役中幸存下来的英国军官以了解真相。他把收集到的材料写成了两卷本的战争史书，在书中首次披露了自己的惊天发现，再现了当时的场景。其中，四分之一的篇幅都在讲述其中一天：1815 年 6 月 18 日，星期日。近两个世纪以来，斯波恩的著作在人们心中仍然有着举足轻重的地位，但是他的叙述颇具争议，书中大量的分析使得文本晦涩难懂，而且在提炼史料过程中的事无巨细也削弱了整本书的故事性。不过我们还是幸运的，因为斯波恩找到了一种更清晰的方式来讲述他的发现：他制作了一个模型。

　　与他的史书类似，这个模型虽然规模宏大但却不失细节，一大块人造绿地上放着许多迷你的锡兵。模型长 21 英尺 4 英寸，宽 19 英尺 9 英寸，比例大约是 1∶587（单位为英尺）。斯波恩用了八年时间研究史实并制作模型，1838 年，模型在伦敦一公开亮相，立刻就引起了轩然大波。

　　这个模型为滑铁卢战役提供了一种全新的解读视角。威灵顿智胜拿破仑这一点毋庸置疑，但是在场的其他人对威灵顿麾下的军队在关键时刻起到的作用表示疑惑。6 月 18 日那晚，最终的胜利是否可以归功于普鲁士军队提供的保障？斯波恩的模型是否会颠覆威灵顿的形象？

当时的斯波恩三十出头，是一名中尉，有着丰富的地形图制作经验，他早年制作的博罗季诺战役模型曾因精确和美观而备受赞誉。英国陆军总司令罗兰希尔爵士（Sir Rowland Hill）联系上他，希望他为滑铁卢战役制作一个模型。他爽快地接受了这项新任务，因为他认为以这种方式报效祖国不仅是一种荣誉，还能得到一定的报酬。当时的首相威灵顿也知道这件事，起初还十分支持，因为他没有理由阻止斯波恩建造这座模型。但后来他大概会为自己的决定而感到后悔。

斯波恩把书中对这场战役的详细描述延伸到了模型上。模型建于都柏林，因为当时斯波恩驻扎在那里担任助理军事秘书。当时模型的造价为 3000 英镑，相当于今天的 25 万英镑。画面定格在 6 月 18 日晚七点半左右，法国帝国卫队正与英军及其盟军激烈厮杀。如果把模型中的场景拍成一部现代战争电影，这时银幕上一定是鲜血飞溅、残肢乱飞的画面。

不过，比起电影中的血腥场面，斯波恩的模型展示的更像是田园风光。他从幸存军官发来的信件中了解到了部队的详细构成，不过军官还常常在信件中附带描述了当时农田作物的生长情况、耕地或休耕地的轮换情况。斯波恩说，作为一名手工艺人和历史学家，他理应在权衡了所有相关信息后，再把手工迷你锡兵放进模型里。

1838 年 10 月，人们在伦敦皮卡迪利大街的埃及大厅

（Egyptian Hall）首次欣赏到了这座模型。在展览开放的头一年里，模型吸引了约 10 万人次的游客前来参展，平均下来，每人都支付了 1 先令购买门票。而且可以说，大部分游客对模型的评价都非常高。《联合服务公报》（*United Service Gazette*）称："模型完美地复原了战场，不仅逼真地还原了地面的每道起伏，还细致巧妙地还原了每个团以及团内的火枪和火炮的位置。"

今天，在伦敦切尔西的国家陆军博物馆，人们仍可以看到这个模型。尽管现在的游客要费一番工夫才能辨认出模型中出现的军队分别属于哪个国家、究竟哪支军队占了上风，但从做工上看，这确实是一件精致的模型。场景中共有 7 万名士兵，代表了实际出征的大约 18 万名士兵，其中一些士兵战死在沙场。整个模型在设计时出于运输考虑，被分成了几块。不过现在这座模型被烟雾、枪声环绕，沙盘上随处都是倒地的士兵，周围还充斥着多媒体爵士乐，倒不太可能马上被搬到别的地方去。

游客在观赏模型时就像在观看一盘结束的棋局。俯瞰整个场景或许会让游客觉得自己像上帝一般，他们会惊叹于制作者打造出的人物细节以及他们在每个模型小人上付出的心血。看了这个模型，人们就可以理解为什么斯波恩会花了八年时间才完成这个作品，也能明白军方曾经夸大的成分是如何在他追求精准的过程中消失的。模型旁边的四面触屏板介绍了战场上的关键区域以及著名的交火点，这在一定程度上减轻了解说任务。

然而，现在的这座模型定格的画面其实是捏造的，与1838 年首次展示的画面并不完全相同，它讲述的故事与斯波恩最初的设计也明显不同。虽然此前的模型得到了前来欣赏的公众的赞赏，但参加过滑铁卢战役的英军不赞同布吕歇尔的普鲁士军队在模型中所展现的强大的存在感，这似乎在暗示威灵顿受到的援助比他自己记录的还要多；他们声称，威灵顿的正直人格与个人名誉被这堆假草与锡质模型玷污了。所以，在双方出现争议后，模型中代表普军的 2.5 万名士兵约被撤下了 1 万名。这一举动极大地改变了模型中的战况。从现在的模型来看，威灵顿率领的军队对战争的胜利似乎起到了决定性的作用，而当年斯波恩则认为他们不该享此殊荣。

被撤走的普军在民众间引发了激烈的讨论。是不是有人找了斯波恩？这个人是威灵顿吗？斯波恩撤走普军是仔细查验了新的史实做出的决定，还是因为有人承诺会让他享尽荣华富贵？

任何猜测都没有确凿的证据，所以真相仍然不得而知。斯波恩后来写道，撤走普军是他自发的举动，是因为自己重新审视了一些事实。但是人们都相信像他这样做起事来一丝不苟的历史学家不太可能会出现这种失误，所以人们越发怀疑他是被迫让步的。模型的制作费用让斯波恩陷入了穷困潦倒的境地，到1849年他无故去世时，他的经济状况仍旧没有好转。因此，他完全有可能是为了清偿债务而撤掉普军的。

不过，关于这场战役，其实还有其他说法，其中最吸引人的一个观点是由研究拿破仑的专家安德鲁·罗伯茨（Andrew Roberts）提出的。在滑铁卢战役中，没有一方利用从空中俯瞰敌情的优势条件作战（这种观察方式贯穿了整本书），但在当时，交战双方其实都已具备了在空中俯查敌情的能力，要是拿破仑当时采用了这一战术，或许法军就能够赢得战争了。

这一说法与热气球有关。拿破仑知道孟格菲兄弟发明的热气球可以用在战场，因为1784年拿破仑第一次来到巴黎时，当时关于热气球可以用于载人飞行的消息就已经在大街小巷传遍了。在1794年弗勒吕斯战役中，就已经有一支专门的热气球侦察部队从空中侦察敌情、传递消息了，这比快马传信更为高效。但由于气球经常着火，这支部队很快就解散了。到了滑铁卢战役时期，热气球的安全性有所改进，使得空中侦察再次成为可能，拿破仑本可以利用这一优势侦察到利尼一役后没有完全溃败的布吕歇尔的军队，进而看到在滑铁卢战役两天前到达瓦夫尔的普军。要是当时他能够利用热气球掌控地面的军情，欧洲的版图或许会与现在大不相同。

或许，每时每刻都是属于微缩模型的。

微缩模型在我们生活中所表现出的力量和影响是永恒的、巨大的。象牙上的肖像画、设计草图、模型小人身上富有创意的提示……各种微缩模型在艺术和建筑领域的广泛应用使得伟大的作品成为可能。我们已经见识过微缩模型在军事与政治上的影响，也看到了微缩模型如何以 1∶12 的比例将一段历史定格。但我相信，最让我们欣赏的还是微缩模型为家庭生活带来的乐趣。微缩模型能够给一个原本混乱的、不可控的世界带去秩序和光明，从而提升生活的品质，这种价值是难以估量的。用手捧起一件微缩模型，一件小到不能再小的模型，我们会获得一种极度的满足感，我们想要对这件模型一探究竟的好奇心也永远不会疲倦。简言之，微缩模型引导我们如何以小见大，如何通过一件小小的物品，去探寻、了解并欣赏更丰富的内涵。

电影《缩小人生》虽然未能充分体现这一观点，但制作组也有自己的见解。我最喜欢电影临近尾声的片段。周洪扮演的越南活动家陈玉兰（Ngoc Lan Tran）和马特·达蒙扮演的保罗·萨夫兰克（Paul Safranek）在挪威目睹了生存主义者疯狂的牺牲后正坐在返回悠闲境的飞机上。陈玉兰试图用她那蹩脚的英语总结自己（以及观众）在微缩世界的冒险旅程。她的话一语中的："你会更仔细地观察周围的事物。"

看过了 5 英寸高的马特·达蒙的表现后，我也不甘其后，决定亲身体验一把缩小自己的感受。从前，这是不可能办到的，或者需要服下某种神奇的药物才有可能办到，但是现在市面上已经有了十分常见且合法的方式供我们缩小自己。2017年底，在伦敦东区的韦斯特菲尔德购物中心里，我花了199英镑在一个白色钟型小帐篷里拍了几张照片。

帐篷的运营者是五十岁的雕刻家乔纳森·戈斯兰（Jonathan Goslan），他来自格拉斯哥。他的项目叫"迷你的你"（Mini-You），是3D打印公司iMakr的项目，宣传手册上说帐篷里的机器可以按我的模样制成一个8英寸高的3D彩色砂岩人偶。在我进入帐篷前，戈斯兰跟我说，走进去后在一个小圆台上站着不动，因为在小圆台缓慢旋转的同时，帐篷内的14台摄像机会透过帐篷帆布的小孔，从上到下地为我拍摄400张照片（通常他们的机器都放在位于伦敦市中心克莱肯韦尔路上的iMakr公司的办公室里，但是最近他们在韦斯特菲尔德购物中心这里摆摊，想要借着圣诞节吸引市民前来体验）。我带着一个迷你的青铜埃菲尔铁塔模型走进帐篷，不过戈斯兰说铁塔的细节可能会模糊，所以他建议通过后期修图软件在我手上加一座铁塔，再用3D打印机打印出来，这样看起来的效果就像我一直托着铁塔一样。

我走进帐篷，一只手插在口袋里，另一只手空着，手掌朝上，与臀部形成一个直角。戈斯兰为我倒数："三，二，一，保持不动！"然后脚底的转盘还有四周的相机都开始运作起来。整个过程只持续了不到一分钟。拍摄结束后，我在帐篷后面的显示屏上看到了图像分层渲染的过程。一旦这些分层的图像结合到一起，拼成一个完整的人像，这张 3D 图像就会被发送到 3D 打印机上，最后工作人员再手绘一些内容，我的迷你人偶就大功告成了。

几周后，我就收到了迷你的"我"。拆开盒子后，我并不像想象中的那样不安，反而很欣慰，因为模型和我很像。这个过程有点像拆开手办盒子，不过迷你的"我"的胳膊和腿都是不能弯曲的，而且我也不像迷你的"我"那样健硕。"我"手掌上的铁塔大约一英寸高，也被完美地展现出来了。突然之间，我知道我期待的是什么了。我曾经看到许多与实物相似的模型，而且多年来我一直在思考有关微缩模型的问题，所以看到这个模型时，我并不惊讶。但是，对于那些不了解微缩模型的人而言，他们的反应大概会和我不同，他们应该会感到震惊。他们会惊叹于这样的迷你模型是真实存在的，会赞叹于其逼真的细节：我的发丝、夹克和牛仔裤上的褶皱竟都被精准地复刻了出来。

有些人问我："你为什么要托着一座埃菲尔铁塔呢？"

感谢所有帮助我完成这本书的人。

坎农格特（Canongate）出版社的全体工作人员一如既往地支持着我，于我而言，与他们共事一直是一种享受。我特别感谢我的编辑西蒙·索罗古德（Simon Thorogood）、安德烈亚·乔伊斯（Andrea Joyce）、彼得·阿德林顿（Peter Adlington）、安娜·弗雷姆（Anna Frame）、露西·周（Lucy Zhou）、阿伊莎·霍顿（Aa'Ishah Hawton）、珍妮·弗赖伊（Jenny Fry）、维基·拉瑟福德（Vicki Rutherford）、阿莱格拉·莱法纽（Allegra Le Fanu）、尼尔·普莱斯（Neal Price），当然还有杰米·宾（Jamie Byng）。我还要感谢珍妮·托德（Jenny Todd）和珍妮·洛德（Jenny Lord），是你们促成了本书的出版。

我很高兴有幸与阿特里亚图书（Atria Books）出版社的彼得·博兰（Peter Borland）以及他出色的同事首次开展合作。

感谢我的经纪人罗斯玛丽·斯库拉（Rosemary Scoular），

以及联合代理人公司（United Agents）的奥菲·赖斯（Aoife Rice）和纳塔莉娅·卢卡斯（Natalia Lucas），她们的聪明智慧一如既往。

感谢我的文字编辑肖恩·科斯特洛（Seán Costello），从他身上我总能获益良多。

感谢我的朋友安德鲁·巴德（Andrew Bud）浏览了初稿并及时指出错误，感谢上帝。

文中的四则故事（吸水纸艺术、拉斯维加斯、扎哈·哈迪德、维特拉园区）曾以另一种形式刊登在《观察者报》及《星期日邮报》（*Mail on Sunday*）、《时尚先生》（*Esquire*）上。我要感谢上述报社与杂志社的各位编辑：艾伦·詹金斯（Allan Jenkins）、简·弗格森（Jane Ferguson）、西蒙·克尔纳（Simon Kelner）、约翰尼·戴维斯。

感谢伦敦图书馆的工作人员帮助我找到了许多有用的资料。

许多朋友与我分享了有关微型世界的想法和链接。其中一部分被我整合进了文章，但出于篇幅、匹配度以及质量的考虑，我也舍弃了许多素材。很多人建议我把《摇滚万岁》（*This is Spinal Tap*）中的微型巨石阵写进书里，但我认为下面这段视频已经介绍得足够详尽了：www.youtube.com/watch? V= QAXZHZM8ZLW。

我衷心感谢凯瑟琳·坎特（Catherine Kanter）、格雷格·布伦曼（Greg Brenman）、蕾妮·奈特（Renée Knight）、蒂姆·邓恩、希泽尔·诺库斯（Heezar Norkus）；感谢贾斯敏·迪曼（Jasmine Dhiman）和西奥·科特里迪斯（Theo Kotridis）提供了两件微缩模型；感谢普朗姆·弗雷泽（Plum Fraiser）和安迪·弗雷泽（Andy Fraiser）提供了三件微缩模型；感谢休·曼周（Hugh Mannzhou）、尼古拉·邓恩（Nicola Dunn）、大卫·罗布森（David Robson）、丹尼尔·皮克（Daniel Pick）、布拉德·奥尔巴赫（Brad Auerbach）、安德鲁·马尔（Andrew Marr）、纳奥米·弗雷尔斯（Naomi Frears）、约翰·弗雷尔斯·霍格（John Frears Hogg）、马克·奥斯特菲尔德（Mark Osterfield）、安迪·米勒（Andy Miller）、本·加菲尔德（Ben Garfield）、杰克·加菲尔德（Jake Garfield）、罗伯特·戴伊（Robert Dye）、理查德·汤姆林森（Richard Tomlinson）、斯蒂芬·伯恩（Stephen Byrne）。

我还要特别感谢一下我的妻子贾斯廷·坎特（Justine Kanter），本书是我献给她的爱。

我希望下方所列的书目和其他资料会带领好奇的读者探寻新的内容。但我要警告各位读者，一旦你开始着手制作铁道模型或火柴棍模型，更不用说尝尝你收集到的致幻剂纸片是否还有药效，你或许会发现，半辈子就这样一晃而过了。

Bachelard, Gaston, *The Poetics of Space, translated from theFrench by Maria Jolas* (Beacon Press: Boston, Mass.,1994)

Benson, Arthur, *The Book of the Queen's Dolls'House* (Methuen:London, 1924)

Bondy, Louis W., *Miniature Books: Their History from the Beginnings to the Present Day* (Sheppard Press: London,1981)

Botz, Corinne May, *The Nutshell Studies of Unexplained Death* (Monacelli Press: New York, 2004)

Bromer, Anne C. and Edison, Julian I., *Miniature Books: 4,000 Years of Tiny Treasures* (Abrams: New York, 2007)

Brown, Kenneth Douglas, *Factory of Dreams: A History of Meccano Ltd* (Crucible Books: Lancaster, 2007)

Calder, Barnabas, *Raw Concrete: The Beauty of Brutalism* (William Heinemann: London, 2016)

Chapman, Jake and Dinos, *Bad Art for Bad People* (Tate Publishing for Tate Liverpool, 2006)

Coombs, Katherine, *The Portrait Miniature in England* (V & A Publications: London, 1998)

Dillon, Patrick and Tilson, Jake, *Concrete Reality: Denys Lasdun and the National Theatre* (National Theatre Publishing: London, 2015)

Duffy, Stephen and Vogtherr, Christoph Martin,*Miniatures in the Wallace Collection* (Wallace Collection, Paul Holberton Publishing: London, 2010)

Elward, Robert, *On Collecting Miniatures, Enamels, and Jewellry* (Arnold: London, 1905)

Fritz, Morgan, *Miniaturization and Cosmopolitan Future History in the Fiction of H.G. Wells* (Science Fiction Studies, DePauw University, Indiana: 2010)

Furneaux, Robin, *William Wilberforce* (Regent College Publishing: London, 1974)

Garrard, Alec, *The Splendour of the Temple* (Candle Books: Oxford, 2000)

Goldhill, Simon, *The Temple of Jerusalem* (Harvard University Press: Cambridge, Mass., 2011)

Harriss, Joseph, *The Eiffel Tower: Symbol of an Age* (Paul Elek: London, 1976)

Hilliard, Nicholas, *A Treatise Concerning the Art of Limning Together With a More Compendious Discourse Concerning Ye Art of Limning by Edward Norgate* (Carcanet Press: Manchester, 1981)

Hofschröer, Peter, *Wellington's Smallest Victory* (Faber and Faber: London, 2004)

Hollander, Ron, *All Aboard! The Story of Joshua Lionel Cowen and His Lionel Train Company* (Workman Publishing: New York, 1981)

Hughes, Robert, *The Shock of the New* (Thames and Hudson:

London, 1991)

Jaffe, Deborah, *The History of Toys* (Sutton Publishing: Gloucestershire, 2006)

Jay, Ricky, *Jay's Journal of Anomalies* (Farrar, Straus and Giroux: New York, 2001)

Jonnes, Jill, *Eiffel's Tower* (Viking: New York, 2009)

King, Eileen Constance, *The Collector's History of Dolls'HousesDoll's House Dolls and Miniatures* (Robert Hale: London, 1983)

Lambton, Lucinda, *The Queen's Dolls'House* (Royal Collection Trust: London, 2010)

Lasc, Anca I., 'A Museum of Souvenirs', *Journal of the History of Collections* vol. 28, no. 1 [2016]; pp. 57–71

Lévi–Strauss, Claude, *The Savage Mind* (University of Chicago Press: Chicago, 1973)

Lloyd, Stephen,*Richard Cosway* (Unicorn Publishing: London, 2005)

McNarry, Donald, *Ship Models in Miniature* (David & Charles: Newton Abbot, 1975)

McReavy, Anthony, *The Toy Story: The Life and Times of Inventor Frank Hornby* (Ebury Press: London, 2002)

Mack, John, *The Art of Small Things* (British Museum Press:

London, 2007)

Miller, Daniel, *The Comfort of Things* (Polity Press: Cambridge, 2008)

Moon, Karen, *Modelling Messages: The Architect and the Model* (Monacelli Press: New York, 2005)

Morrison, Tessa, *Isaac Newton and the Temple of Solomon* (McFarland and Company: North Carolina, 2016)

O'Brien, Donough, *Miniatures in the XVIIIth and XIXth Centuries* (B.T. Batsford: London, 1951)

Oldfield, J.R., *Popular Politics and British Anti-Slavery* (Routledge: Oxford, 1998)

Reynolds, Graham, *English Portrait Miniatures* (Cambridge University Press: Cambridge, 1992)

Rugoff, Ralph, *The Eye of the Needle: The Unique World of Microminiatures of Hagop Sandaldjian* (Museum of Jurassic Technology: California, 1996)

Schwartz, Hillel, *The Culture of the Copy: Striking Likenesses, Unreasonable Facsimiles* (Zone Books: Brooklyn, 2014)

Sebald, W.G., *The Rings of Saturn* (Harvill Press: London, 1998)

Self, Will, *Grey Area and Other Stories* (Bloomsbury: London,1994)

Siborne, Captain William, *History of the War in France and Belgium in 1815* (T&W Boone: London, 1841)

Slinkachu, *Little People in the City* (Boxtree: London, 2008)

Slinkachu, *The Global Model Village* (Boxtree: London, 2012)

Stewart, Susan, *On Longing: Narratives of the Miniature, the Gigantic, the Souvenir, the Collection* (Duke University Press: North Carolina, 1992)

Stewart–Wilson, Mary, *Queen Mary's Dolls'House* (Bodley Head: London, 1988)

Stott, Anne, *Wilberforce: Family and Friends* (Oxford University Press: Oxford, 2012)

Taylor, John H., *Egyptian Mummies* (British Museum Press: London, 2010)

Taylor, Joshua Charles (ed.), *Nineteenth–Century Theories of Art* (University of California Press: Berkeley, 1989)

Thorne, James Ward (Mrs), *Miniature Rooms* (Art Institute of Chicago: Chicago, 2004)

Van Danzig, Barry, *Who Won Waterloo? The Trial of Captain Siborne* (UPSO: East Sussex, 2006)

Wells, H.G., *Little Wars: A Game for Boys* (Frank Palmer: London, 1913)

Wells, Rachel, *Scale in Contemporary Sculpture: Enlargement,*

Miniaturisation and the Life–Size (Ashgate Publishing: Farnham, Surrey, 2013)

Winslow, Colin, *The Handbook of Model–making for Set Designers* (The Crowood Press: Marlborough, 2008)

Winterstein, Irene, *The Irene Winterstein Collection of Important Miniature Books* (Christie's: London, 2000)

Wood, Marcus, *Blind Memory: Visual Representations of Slavery in England and America* (Routledge: Oxford, 2000)

图片来源

作者和出版方已经尽一切努力联系了插图的版权方，对于尚未联系到的，欢迎来信指摘，我们将不胜感激。

Princess Elizabeth visiting Bekonscot © Universal History Archive / UIG via Getty Images; workers painting the Eiffel Tower © Bettman / Getty Images; shabti © Shabti of Seti I / De Agostini Picture Library / G. Dagli Orti / Bridgeman Images; visitors to Bekonscot © Simon Garfield; Pendonplan © Pendon Museum Collection; 'Description of a Slave Ship', 1789 (print), English School (18th century) / Wilberforce House, Hull City Museums and Art Galleries, UK / Bridgeman Images; model of the slave ship 'Brookes' used by William Wilberforce (1759–1833) in the House of Commons to demonstrate conditions on the middle passage, 18th century (wood) / Wilberforce House, Hull City Museums and Art Galleries, UK / Bridgeman Images; the Maria Fitzherbert Jewel (w/c on ivory in diamond-studdedlocket), British

把世界装进火柴盒

[英] 西蒙·加菲尔德 / 著

陈鑫媛 / 译

图书在版编目 (CIP) 数据

把世界装进火柴盒 / (英) 西蒙·加菲尔德著 ; 陈
鑫媛译 . -- 贵阳 : 贵州人民出版社 , 2020.6
ISBN 978-7-221-15985-4

I. ①把… II. ①西… ②陈… III. ①世界史—文化
史—通俗读物 IV. ①K103-49

中国版本图书馆 CIP 数据核字 (2020) 第 066149 号

著作权合同登记号 图字:22-2019-38 号

选题策划	联合天际
责任编辑	徐楚韵
特约编辑	张雅洁　王书平
装帧设计	Domino
美术编辑	梁全新

出　版	贵州出版集团　贵州人民出版社
发　行	未读（天津）文化传媒有限公司
地　址	贵州省贵阳市观山湖区会展东路 SOHO 公寓 A 座
邮　编	550081
电　话	0851-86820345
网　址	http://www.gzpg.com.cn
印　刷	三河市冀华印务有限公司
经　销	新华书店
开　本	787 毫米 ×1092 毫米　1/32　9.75 印张
版　次	2020 年 6 月第 1 版　2020 年 6 月第 1 次印刷
I S B N	978-7-221-15985-4
定　价	58.00 元

关注未读好书

未读 CLUB
会员服务平台